Han participado en la elaboración de este libro:

COORDINADORES Y AUTORES

Adrián **Neubauer**
Cristina **Fernández-Aragón**

AUTORES

David **Domínguez** *(UDIMA)*
Coral **González García** *(UDIMA)*
María Jesús **Martínez-Usarralde** *(UV)*
José Javier **Moya Arroyo** *(UDIMA)*
Javier **Pericacho-Gómez** *(UDIMA)*

Marco **Ramos Ramiro** *(UDIMA)*
Patricia **Revuelta Mediavilla** *(CES Don Bosco)*
Elena **Sánchez González** *(UDIMA)*
Leticia **Santana Negrín** *(UDIMA)*
Eva **Teba** *(UCJC)*

Universidad a Distancia de Madrid (UDIMA)
Universidad Camilo José Cela (UCJC)
Universidad de Valencia (UV)
Centro Universitario Salesiano Don Bosco (CES Don Bosco)

La ciudadanía global
en la práctica educativa

Adrián Neubauer
Cristina Fernández-Aragón
(Coords.)

NARCEA, S. A. DE EDICIONES
MADRID

© NARCEA, S. A. DE EDICIONES, 2025
Paseo Imperial, 53-55. 28005 Madrid. España
www.narceaediciones.es

Imagen de cubierta: Shutterstock

ISBN papel: 978-84-277-3315-2
ISBN ePdf: 978-84-277-3316-9
ISBN ePub: 978-84-277-3317-6
Depósito legal: M-19808-2025

Impreso en España. Printed in Spain

Índice

PARTE II
PONIENDO EN PRÁCTICA LAS BASES

PARTE III
PARA TERMINAR

PARTE I

ASENTANDO LAS BASES

Presentación

La ciudadanía ha sido un tema que ha desempeñado un papel protagonista a lo largo de la historia de la humanidad. Tradicionalmente, este concepto ha estado acompañado de intensos debates sobre lo que implica ser un ciudadano[1] de pleno derecho y qué personas podían disfrutar de este privilegio o de este derecho. Todavía hoy, a pesar del amplio desarrollo normativo en materia de derechos humanos a nivel internacional, parece no haber consenso sobre la respuesta a esta pregunta. Las políticas migratorias nacionalistas, los criterios para votar en las elecciones generales de los países, la falta de una vivienda digna o las restricciones a las que se enfrentan las mujeres en algunas regiones, son buenos ejemplos de que queda un largo camino por recorrer.

Las tendencias nacionalistas actuales contrastan profundamente con iniciativas expuestas siglos atrás, donde se plantearon propuestas —algunas de carácter religioso y otras con un enfoque político— de aunar a la humanidad por encima de cualquier diferencia lingüística, espiritual, física o de otra índole.

Por tanto, es preciso asentar las bases teóricas de lo que significa —e implica— ser un ciudadano global. Aunque se trate de un término familiar para muchas personas, es preciso ir un paso más allá y detallar, desde un punto de vista conceptual, qué es la ciudadanía global. Precisamente, de esto se ocupa el primer capítulo del libro, que presenta las principales características de la ciudadanía global. Sin embargo, y como veremos en el segundo capítulo, la percepción —o la construcción— de esta ciudadanía no podemos decir que sea universal. De hecho, a nivel internacional y supranacional encontramos posicionamientos complementarios y, al mismo tiempo, otros contrapuestos. A su vez, hay algunos que tienen un núcleo compartido, pero cuyo foco de interés difiere y, con ello, modifica las implicaciones de lo que significa ser un ciudadano global y, en consecuencia, cómo fomentarlo desde la educación. En

---

[1] Para facilitar la lectura, a lo largo del libro se hace uso genérico del masculino para hacer alusión tanto al género masculino como femenino, de acuerdo con las indicaciones más recientes de la Real Academia Española.

esta línea, el tercer capítulo nos arrojará algunas luces sobre qué metodologías llevar a cabo en el aula como docentes para fomentar la ciudadanía global.

Con esta primera parte del libro, pretendemos ofrecer al lector una sólida base teórica sobre la que desarrollar, *a posteriori*, su práctica como docente. En este caso, partimos de la premisa de que el profesorado debe tener una excelente formación a nivel teórico, puesto que sin ella la práctica puede resultar no solo estéril, sino contraproducente. Como veremos en el primer capítulo, habitualmente usamos términos similares, pero con connotaciones muy distintas, al referirnos a la idea de la ciudadanía global. Entre ellos, destacan el de "ciudadanía mundial", "ciudadanía universal" o "ciudadanía cosmopolita". Dado que cada uno de ellos enfatiza un aspecto determinado, es fundamental que el docente sea consciente de lo que es la ciudadanía global para, más adelante, desarrollarla eficazmente en su aula, en su centro escolar y en su comunidad educativa.

De esta manera, confiamos en que estos capítulos orienten la reflexión pedagógica del profesorado para desempeñar su praxis desde un conocimiento y una conciencia de lo que significa ser un ciudadano global.

1

¿Qué es la ciudadanía global?

David Domínguez
Eva Teba

*Yo soy un ciudadano, no de Atenas
o Grecia, sino del mundo.*
SÓCRATES

INTRODUCCIÓN

Antes de comenzar con este primer capítulo, queremos dar las gracias a los lectores que se asoman a estas páginas por su interés en aprender y profundizar más en los conceptos de ciudadanía y competencia global. Consideramos ineludible reflexionar sobre su trascendencia educativa en el momento histórico actual, dada la urgencia de conocer (o reconocer) aquellas problemáticas globales que nos afectan como humanidad y que, por tanto, forman parte del contexto en el que se trabaja en educación. Esperamos que la lectura de este libro contribuya a una reflexión colectiva sobre la orientación al cambio ecosocial de nuestra praxis docente. También deseamos que os anime a acompañar a los educandos en sus aprendizajes como agentes de cambio *glocal*, para que acometan desde sus ecosistemas escolares la urgente transformación de la realidad en la que vivimos.

¿POR QUÉ SURGE LA NECESIDAD DE UNA CIUDADANÍA GLOBAL?

Educación y ciudadanía

Antes de hablar del concepto de ciudadanía global, nos gustaría compartir algunas reflexiones como punto de partida. Para ello, parece oportuno explorar estas cuestiones: ¿Cómo definimos "ciudadanía" y "educación"? ¿Por qué y para qué educamos? ¿Cuál es la relación entre ambos términos, educación y ciudadanía, en sentido amplio? ¿Ha evolucionado la relación entre ellos a lo largo del tiempo?

El término "educación" tiene una doble etimología latina: *educare* (criar, nutrir o dotar de conocimientos) y *educere* (conducir hacia afuera, guiar, incitar al educando hacia su realización). Combinadas, ambas acepciones reflejan un doble propósito: por un lado, *educare* haría referencia a la formación y trans-misión de conocimientos y habilidades dentro de una comunidad; por otro lado, *educere* subraya el desarrollo del potencial individual y su aplicación en la sociedad de la que forma parte. Este doble movimiento es visto por muchos estudiosos como problemático e incluso se plantea como dos posiciones opues-tas, reflejando dos modos muy diferentes de entender el acompañamiento y la formación del "ciudadano". En el caso de *educare*, el movimiento se da de fuera hacia adentro, con el docente como protagonista y el consiguiente riesgo de no respetar los límites para que la educación no caiga en el adoctrinamiento. Y, por otra parte, está *educere,* término para el cual el proceso se da del interior al exterior, y que consiste en propiciar, motivar y encauzar el protagonismo de los educandos y hacerlos responsables de su aportación a la comunidad, en un movimiento emancipatorio.

Vemos así que es complejo llegar a un consenso sobre cuáles deben ser los principios y fines de cualquier sistema educativo con respecto a las personas a las que forma, así como dónde se encuentran los límites razonables de la acción educadora. Consideramos fundamental sensibilizar y guiar a las perso-nas para que, desde sus capacidades y valores, enfrenten adecuadamente las vicisitudes del mundo que les toca vivir. La educación debe contribuir al desa-rrollo armónico de todas las dimensiones de la persona (física, social, cogni-tiva, emocional, volitiva, comunicativa, espiritual, estética y ético-moral) tanto para su realización persona como para que puedan contribuir a la convivencia con sus iguales. Es ahí donde educación y ciudadanía se dan la mano.

Revisemos ahora el significado y la etimología del término "ciudadano" y sus implicaciones, para después avanzar hacia el concepto de ciudadanía global. La palabra "ciudadanía" tiene su raíz semántica en el término latino *civitas*, que significa "ciudad" o "comunidad organizada". Ya en la Antigua Roma, la *civitas* otorgaba derechos y deberes a sus miembros, estableciendo la noción de pertenencia y participación en la vida pública. Por lo tanto, ser ciudadano ha implicado tradicionalmente no solo residir en un territo-rio, sino también asumir responsabilidades en el bienestar común, a través del ejercicio de derechos políticos, sociales y culturales. La ciudadanía no es meramente un estatus legal, sino una práctica que se fortalece con ayuda de la educación, en tanto que esta trabaja desde los valores democráticos y cívicos. Si la ciudadanía implica pertenencia, compromiso en pro del bien común y participación en la comunidad, la educación en relación con esa

© narcea, s. a. de ediciones

ciudadanía sería el medio que permite a los individuos comprender sus derechos y deberes, desarrollar el pensamiento crítico y actuar en la esfera pública de manera ética y responsable.

En definitiva, parece claro que no puede haber una ciudadanía plena sin una educación que prepare a los individuos para participar activamente en la sociedad, y la educación, a su vez, debe orientarse a la construcción de ciudadanos comprometidos con el bien común y dispuestos a la acción para lograrlo.

La evolución hacia la *ciudadanía global*

Ha pasado mucho tiempo desde que el concepto romano de *civitas* comenzó a utilizarse, y también hay que recordar que fueron los filósofos del estoicismo romano los primeros en declararse "ciudadanos del mundo". Los estoicos acuñaron el término "cosmópolis" —del que deriva cosmopolita— y probablemente el lector conoce esta cita de Séneca: "No he nacido para un solo rincón, mi patria es todo el mundo". Precisamente, el contexto temporal del estoicismo coincide con el del establecimiento del Imperio romano y su nueva mirada a lo que entonces constituían los límites del mundo conocido.

En el compás temporal que abarca desde finales del siglo XX al primer cuarto del siglo XXI, habitamos un mundo que presenta ciertos paralelismos con el de los estoicos romanos, los primeros cosmopolitas. El concepto de *civitas* evolucionó desde su origen en tiempos de la monarquía romana (sobre el 750 a.C.), cuando únicamente los patricios de la ciudad de Roma eran considerados ciudadanos con plenos derechos, hasta la etapa del Imperio, cuando la *civitas* deja de estar restringida a los habitantes de Roma y se otorga a las provincias. En el 212 d.C., el Edicto de Caracalla[1] otorga la ciudadanía romana a casi todos los habitantes libres del *Imperium*.

Invitamos ahora al lector a que haga un viaje imaginario dos o tres generaciones atrás, y piense en cómo era la vida que llevaron sus antepasados, qué contextos habitaban y con qué comunidades estaban comprometidos. Su mundo era probablemente predecible y estable, estaba acotado geográficamente, y no sufría demasiados cambios, o al menos no sucedían de la noche a la mañana. Es a partir de mediados del siglo XX cuando todo empezó a cambiar muy rápido en lo que respecta a nuestra condición como "ciudadanos". Probablemente no estamos equivocados al afirmar que cualquier persona de Occidente recuerda qué hacía y dónde estaba el 11 de septiembre del 2001, cuando sobrevino el atentado de las Torres Gemelas de Nueva York. El siglo XXI empezaba convulso y, desde ese momento, tenemos cada vez más claro el proverbio chino que dice

---

[1] Edicto de Caracalla (Constitutio Antoniana) fue un texto jurídico proclamado por el emperador Caracalla en el año 212 que decretó la extensión de la ciudadanía romana a todos los habitantes libres del Imperio romano lo que marcó repercusiones en las reglas que hasta el momento regulaban las relaciones entre los ciudadanos (ius civile).

"el aleteo de una mariposa en Oriente puede desencadenar un tsunami en Occidente", tal como defiende la Teoría del Caos.

En un mundo progresivamente más interconectado, los desafíos que enfrentamos como humanidad nos interpelan con fuerza y nos urgen a pasar a la acción. La resolución de la UNESCO, aprobada por todos los estados miembros de la Organización de las Naciones Unidas (ONU) el 25 de septiembre de 2015, que dio lugar a la *Agenda 2030*, los exponen de este modo:

> Nos hemos reunido en un momento en que el desarrollo sostenible afronta inmensos desafíos. Miles de millones de nuestros ciudadanos siguen viviendo en la pobreza y privados de una vida digna. Van en aumento las desigualdades, tanto dentro de los países como entre ellos. Existen enormes disparidades en cuanto a las oportunidades, la riqueza y el poder. La desigualdad entre los géneros sigue siendo un reto fundamental. Es sumamente preocupante el desempleo, en particular entre los jóvenes. Los riesgos mundiales para la salud, el aumento de la frecuencia y la intensidad de los desastres naturales, la escalada de los conflictos, el extremismo violento, el terrorismo y las consiguientes crisis humanitarias y desplazamientos forzados de la población amenazan con anular muchos de los avances en materia de desarrollo logrados durante los últimos decenios. El agotamiento de los recursos naturales y los efectos negativos de la degradación del medioambiente, incluidas la desertificación, la sequía, la degradación de las tierras, la escasez de agua dulce y la pérdida de biodiversidad, aumentan y exacerban las dificultades a que se enfrenta la humanidad. El cambio climático es uno de los mayores retos de nuestra época y sus efectos adversos menoscaban la capacidad de todos los países para alcanzar el desarrollo sostenible. La subida de la temperatura global, la elevación del nivel del mar, la acidificación de los océanos y otros efectos del cambio climático están afectando gravemente a las zonas costeras y los países costeros de baja altitud, incluidos numerosos países menos adelantados y pequeños Estados insulares en desarrollo. Peligra la supervivencia de muchas sociedades y de los sistemas de sostén biológico del planeta (p. 5).

Estos retos, múltiples e interconectados, trascienden nuestras fronteras locales, regionales y nacionales. No han dejado de aumentar en número y complejidad en la década que ha transcurrido desde la entrada en vigor de la Agenda 2030 hasta el momento actual. Solamente hace falta mirar a nuestro alrededor y escuchar las noticias que nos llegan estos días desde la mayoría de los medios de comunicación: mientras escribimos estas líneas, parece configurarse a toda prisa un nuevo orden geopolítico muy diferente al que heredamos hace décadas, al salir de la Segunda Guerra Mundial. Este orden que seguramente ha condicionado nuestra manera de entender el mundo y posicionarnos ante él, pero que se está desmoronando.

Quizás en algún momento el lector se ha topado con el acrónimo VICA. Corresponde a los adjetivos *volátil, incierto, complejo y ambiguo*, y es un concepto que fue definido en la década de los ochenta del siglo XX por Warren Bennis y Burt Nanus, para describir la realidad altamente cambiante en la que nos movemos cada día. Los autores ya advertían entonces de que nos costaría manejar la incertidumbre que nos produce tal realidad. Unos meses antes de la crisis mundial originada por la pandemia de la covid-19, el antropólogo y futurólogo James Cascio nos hizo comprender que el concepto VICA se había quedado obsoleto, y en los últimos tiempos hemos pasado a hablar de un mundo BANI[2]. En inglés, las siglas de este acrónimo corresponden a *Brittle* (frágil o, mejor aún, quebradizo); *Anxious* (ansioso); *Non-linear* (no lineal); *Incomprehensible* (incomprensible). El mundo ya no es complejo y cambiante, sino caótico. El cambio se ha instalado como lo único estable, que diría el filósofo Heráclito... ¡y ya no nos vale aplicar viejas recetas a los nuevos retos!

Educar para esta "aldea global" se convierte, así, en una tarea de tamaña responsabilidad, además de ardua. Como educadores, nos sentimos impulsados a buscar nuevos marcos y paradigmas que ayuden a conceptualizar y explicar a nuestro alumnado (¡y a nosotros mismos!) lo que sucede a nuestro alrededor, para comprender el mundo en que vivimos y luego contribuir a su transformación. Sabemos también que cualquier decisión a nivel local va a afectar a lo que pase a nivel global y que, de manera inversa, lo que sucede en un lugar lejano nos puede afectar y golpear con fuerza en cuestión de horas o días, como sucedió con la expansión del coronavirus de la covid-19. A esto se refiere el término *Glocal* y el mantra de *piensa en global, actúa en local*. La ruta transformadora que nos marca la "Agenda 2030" necesita más que nunca de ciudadanos reflexivos, críticos, activos y corresponsables para hacerla realidad. La ciudadanía global supone un paradigma teórico multidimensional que, junto a las cuatro dimensiones definidas para la competencia global por la OCDE (2018a), nos permite articular el acompañamiento de nuestro alumnado para ser esos ciudadanos *changemaker*.

RETOS GLOBALES ACTUALES

En los epígrafes anteriores hemos hecho referencia en varias ocasiones a los Objetivos de Desarrollo Sostenible (ODS) de la *Agenda 2030*. Queremos centrarnos ahora en el ODS 4: Garantizar una educación inclusiva, equitativa y de calidad y promover oportunidades de aprendizaje durante toda la vida para todos, y más específicamente en su Meta 4.7, pues es la más relacionada con la Educación para el Desarrollo Sostenible y la Ciudadanía Global (EDSCG). Dicha meta queda planteada del siguiente modo:

> De aquí a 2030, asegurar que todos los alumnos adquieran los conocimientos teóricos y prácticos necesarios para promover el desarrollo sostenible, entre otras cosas mediante la educación para el desarrollo sostenible y los estilos de

---

[2] El acrónimo BANI fue presentado por James Cascio en 2018 en un evento internacional del Institute For The Future (IFTF) celebrado en Palo Alto (California).

vida sostenibles, los derechos humanos, la igualdad de género, la promoción de una cultura de paz y no violencia, la ciudadanía mundial y la valoración de la diversidad cultural y la contribución de la cultura al desarrollo sostenible.

Consideramos que es la meta que mejor recoge lo que se debería trabajar en los centros educativos a través de la competencia global y el desarrollo de las cuatro dimensiones que explicaremos más tarde en este capítulo: examinar cuestiones locales, globales e interculturales; comprender y apreciar diferentes perspectivas y visiones del mundo; interactuar con éxito y de manera respetuosa con los demás y actuar de modo responsable hacia la sostenibilidad y el bienestar colectivo.

Trabajar en los centros educativos en pro de la EDSCG puede parecer una tarea inabarcable, cuando tomamos conciencia de la interconexión de los retos a los que el planeta y la humanidad se enfrentan hoy en día. Muchos expertos hablan ya de "colapso civilizatorio". La globalización está suponiendo, en gran medida, homogeneización y pérdida de identidades locales, un enfoque extractivista del norte global hacia el sur global; consumismo, competitividad, falta de responsabilidad por el prójimo e individualismo egoísta, justo lo contrario de lo que pretendía la antigua *civitas* romana, de la que hablábamos al principio de este capítulo.

Al tiempo que pintamos este sombrío panorama, debemos poner la esperanza en el otro lado de la balanza. Se está produciendo una globalización de las luchas y de las movilizaciones ciudadanas por la sostenibilidad o los derechos humanos, como vemos con los ejemplos de la llamada *Cultura Woke*, *Fridays for Future*, *Black Lives Matter* o el movimiento feminista *#MeToo*. Vemos por doquier el establecimiento de las llamadas "culturas regenerativas" (permacultura, agroecología, ecoaldeas, economía circular) y movimientos de colectivización de las tierras. La descarbonización de las economías desarrolladas y el progresivo abandono de las energías fósiles para favorecer la implementación de las llamadas *energías limpias* es ya una realidad en marcha, así como tantos otros ejemplos.

Como educadores, nos enfrentamos a la tarea de formar ciudadanos globales en un mundo en constante cambio; por ello, invitamos a los lectores a reflexionar sobre estas cuestiones: ¿Qué otros futuros podemos imaginar juntos, y cómo impulsarlos desde nuestra praxis educativa y nuestro acompañamiento? ¿Cómo articulamos nuevas formas de ser y estar en el mundo, como ciudadanos globales, a través de la educación? ¿Cómo podemos entender el progreso humano sin necesidad de que ese avance implique expoliar los recursos de las generaciones futuras? Si bien somos conscientes de la interconexión de todos los retos y dificultades que nos acechan, parece conveniente ordenarlos en categorías que nos ayuden a acotarlos, comprenderlos y trabajar con ellos. Veamos ahora en qué tres grandes categorías podemos agrupar estos retos para atenderlos en las aulas y conseguir avanzar en la Meta 4.7 antes citada.

La sostenibilidad como mantra

La ciudadanía global implica que cada uno de nosotros, como ciudadanos de la *aldea global*, debe asumir responsabilidad por el impacto de nuestras acciones en el planeta y las generaciones futuras. La educación, por tanto, debe fomentar una conciencia crítica sobre aspectos como el consumo, los modos de producción y la conservación de los recursos naturales. En nuestra búsqueda de crecimiento y desarrollo, sobre todo a partir de la Revolución Industrial, los seres humanos hemos ejercido demasiada presión sobre nuestro medio natural, poniendo en peligro nuestra propia existencia. Ya no es viable continuar con el constante extractivismo que está llevando al agotamiento del planeta en el que vivimos. Hablar de ciudadanía global desde una perspectiva de sostenibilidad implica reconocer la interdependencia planetaria y la responsabilidad compartida que todos tenemos para garantizar un futuro para la humanidad y el respeto por la "casa común". Somos parte de la red de la vida, una pieza más, y la EDSCG debe fomentar la urgente transición desde el egocentrismo al ecocentrismo. Ya hemos visto cómo esta dimensión se articula, fundamentalmente, a través de los ODS de la *Agenda 2030* y propone una ética de cuidado hacia el planeta que trasciende las fronteras locales, regionales y nacionales. De hecho, es conveniente revisar qué aportación han hecho sobre esta dimensión de la sostenibilidad dos organizaciones supranacionales que marcan la hoja de ruta de la EDSCG: la UNESCO y la OCDE.

La UNESCO, como ya hemos adelantado al citar la Agenda 2030, ha sido fundamental en la vinculación entre ciudadanía global y sostenibilidad. En su documento *Educación para la Ciudadanía Mundial: Temas y objetivos de aprendizaje* (UNESCO, 2015a), la organización define la ciudadanía global como un sentido de pertenencia a una comunidad más amplia y una humanidad común, enfatizando la interconexión y la interdependencia política, económica, social y ecológica: "La educación para la ciudadanía mundial aspira a ser un factor de transformación, inculcando los conocimientos, habilidades, valores y actitudes que los educandos necesitan para poder contribuir a un mundo más inclusivo, justo y pacífico" (UNESCO, 2015a, p. 15).

Posteriormente, la UNESCO (2020) refuerza esta visión en su marco de *Educación para el Desarrollo Sostenible: Hoja de ruta*, que propone que los ciudadanos globales deben desarrollar ocho competencias para la sostenibilidad: pensamiento sistémico, anticipación, competencia normativa, competencia estratégica, competencia de colaboración, competencia de pensamiento crítico, autoconciencia y competencia integrada de resolución de problemas.

A su vez, la OCDE (2018a), a través de su *Marco para la Competencia Global. Preparar a nuestros jóvenes para un mundo inclusivo y sostenible*, identifica la sostenibilidad como una dimensión clave de la ciudadanía global, en la definición que da de esta:

La competencia global es la capacidad de examinar cuestiones locales, globales e interculturales, para comprender y apreciar las perspectivas y visiones del mundo de los demás, para participar en interacciones abiertas, apropiadas y efectivas con personas de diferentes culturas, y para actuar en pro del bienestar colectivo y el desarrollo sostenible (OCDE, 2018a, p. 5).

La OCDE (2018b) también enfatiza en su informe *El futuro de la educación y las habilidades: Educación 2030* que los sistemas educativos deben promover la sostenibilidad como parte integral de la competencia global. Dentro de esta categoría, podemos examinar con nuestro alumnado algunos retos como:

- *Crecimiento demográfico y sus consecuencias globales*: el crecimiento de la población plantea desafíos como la inseguridad alimentaria, presión sobre los recursos, deforestación y contaminación. Según estimaciones de las Naciones Unidas, la población mundial actual de 7.600 millones de personas alcanzará los 8.600 millones para el año 2030; los 9.800 millones en 2050 y los 11.200 millones para 2100. A esto hay que sumar el efecto del envejecimiento de la población en el norte global y sus consecuencias en otras dimensiones, como las economías.

- *Superación de seis de los nueve límites planetarios*: el Centro de Resiliencia de Estocolmo evalúa nueve procesos fundamentales para la estabilidad del sistema terrestre y sugiere una serie de umbrales críticos que, de ser superados, pueden comprometer la habitabilidad del planeta. Desde 2023, se han superado los siguientes límites: integridad de la biosfera; cambio climático; flujos biogeoquímicos; deforestación y cambios en el uso del suelo; uso del agua dulce disponible y presencia de entidades químicas artificiales (incluye la introducción y acumulación de compuestos creados por los humanos como microplásticos y pesticidas).

    Relacionados con la superación de los límites planetarios se encuentran cuestiones como los fenómenos y desastres climáticos, cada vez más extremos, como lo demuestra la temporada de fortísimos huracanes en el Atlántico de 2024; las sequías y sus efectos, que generan consecuencias que trascienden lo ambiental, no olvidemos, por ejemplo, la guerra de Siria, que comenzó por una sequía persistente o la contaminación por plásticos que sufren nuestros océanos.

- *Salud, en las tres dimensiones que define la OMS: física, mental y social*: los desafíos sanitarios globales han evolucionado hacia crisis cada vez más complejas. La pandemia de la covid-19, por ejemplo, se inscribe en una secuencia de epidemias de extrema gravedad, que en muchos casos están relacionadas con cuestiones como el cambio climático: el dengue entre 2006 y 2013 en Argentina y Paraguay; el cólera en Haití o en Yemen en 2016; el ébola africano en 2014, el zika en Brasil, Centroamérica y el Caribe en 2015. También hay que reflexionar con el alumnado sobre los crecientes problemas de salud mental en el "mundo desarrollado" y sobre problemas como la ecoansiedad o el aumento de los suicidios, que fueron la tercera causa de muerte en las personas de 15 a 29 años a nivel mundial en 2021. Es interesante también trabajar con el alumnado el nuevo enfoque *One Health* de la Organización Mundial de la Salud, un enfoque integral y unificador cuyo objetivo es equilibrar y optimizar la salud de las personas, los animales y los ecosistemas.

La diversidad por bandera: el caso de la interculturalidad

La interculturalidad en el marco de la ciudadanía global trasciende la mera coexistencia de culturas diversas, para promover un reconocimiento y un diálogo horizontal y enriquecedor entre ellas. Esta dimensión implica una "mentalidad internacional" en la que se debe conocer y valorar la diversidad cultural y las diversas cosmovisiones como patrimonio de la humanidad y como recurso de primera línea para la resolución de los conflictos globales. El informe *Repensar la educación: ¿Hacia un bien común mundial?* (UNESCO, 2015b) establece que:

> La diversidad cultural es la mayor fuente de creatividad y riqueza de la humanidad. Entraña maneras distintas de ver el mundo. Ofrece enfoques diferentes para la solución de problemas que nos afectan a todos y la valoración de aspectos fundamentales de la vida: el ecosistema natural, la comunidad, la persona, la religión y la espiritualidad. Debemos reconocer la diversidad de las realidades vividas, reafirmando al mismo tiempo un meollo común de valores universales (UNESCO, 2015b, p. 29).

En 2021, la UNESCO publicó un nuevo informe, fruto del trabajo de la Comisión internacional sobre su iniciativa *Los Futuros de la Educación*. El informe, que lleva por título *Reimaginar juntos nuestros futuros: Un nuevo contrato social para la educación*, refuerza la visión de la interculturalidad como elemento constitutivo de la ciudadanía global, subrayando su llamamiento a la solidaridad mundial y la cooperación internacional.

En cuanto a la OCDE (2018a), de nuevo su documento *Marco para la Competencia Global. Preparar a nuestros jóvenes para un mundo inclusivo y sostenible* detalla cómo las competencias interculturales son centrales para la formación de ciudadanos globales capaces de navegar la complejidad y diversidad del mundo contemporáneo. Dentro de esta categoría, podremos examinar con nuestro alumnado algunos de estos retos:

- *Homogeneización y procesos de apropiación cultural*: la creciente homogeneización que se observa en el arte, la gastronomía, la música, las formas de vestir… puede dejar fuera las visiones de los grupos sociales con menor poder de acceso a los espacios de comunicación social, a la economía o a la política. De modo paralelo, algunos procesos de apropiación cultural están dejando sin sentido expresiones y tradiciones ancestrales. Como ejemplo, el gobierno mexicano denunció en 2021 el plagio del arte ancestral de sus artesanos textiles indígenas por parte de las casas de moda del mundo, organizando el primer desfile de alta costura con diseños y productos elaborados por esas manos indígenas.

- *Flujos migratorios internacionales y refugiados climáticos*: en 2022, según el portal de la Organización Internacional para las Migraciones de la ONU, 32,6 millones de personas fueron refugiados climáticos y se superó en un 41 % el promedio de los últimos diez años. Globalmente, el número estimado de migrantes internacionales ha aumentado en las últimas cinco décadas. El total estimado de 281 millones de personas que vivían en un país distinto de su país natal en 2020 es superior en 128 millones a la cifra de 1990 y triplica con creces la de 1970. ¿Qué implica esto en las vidas de las personas, en su inclusión social, en las sociedades que les acogen? ¿Sabías que los nacionales de países con niveles muy altos de desarrollo humano pueden viajar sin visado a alrededor del 85 % del resto de países del mundo, mientras que existen altas restricciones de visado vigentes para los países con bajos niveles de desarrollo humano, y que, por tanto, las vías regulares de migración son problemáticas para sus ciudadanos?

Equilibrar la balanza: la desigualdad

La ciudadanía global, desde la perspectiva de la desigualdad, implica un compromiso con la justicia social transnacional y la cultura de paz. Esta dimensión reconoce que las disparidades económicas, tecnológicas, políticas y sociales trascienden fronteras nacionales y requieren respuestas coordinadas a nivel global. En este contexto, la Meta 4.7 del ODS 4 es especialmente relevante para abordar esta dimensión.

La UNESCO (2016), en la *Declaración de Incheon y Marco de Acción para la realización del Objetivo de Desarrollo Sostenible 4 (Educación 2030)*, establece que:

> Los conocimientos, aptitudes, valores y actitudes que necesitan los ciudadanos para llevar vidas productivas, tomar decisiones fundamentadas y asumir papeles activos en los planos local y mundial para hacer frente a los desafíos mundiales y resolverlos pueden adquirirse mediante la educación para el desarrollo sostenible (EDS) y la educación para la ciudadanía mundial (ECM), que abarca la educación para la paz y los derechos humanos, así como la educación intercultural y la educación para el entendimiento internacional (UNESCO, 2016, p. 49).

La OCDE (2018b) ha abordado la desigualdad como componente de la ciudadanía global. Esta organización identifica la equidad como un principio fundamental e invita a los jóvenes a reconciliar perspectivas e intereses diferentes, así como a manejar tensiones y dilemas en sus entornos:

En un mundo caracterizado por las desigualdades, la obligatoriedad de valorar distintas perspectivas e intereses, en entornos locales con implicaciones a nivel global, requerirá que los jóvenes sean capaces de gestionar conflictos, dilemas y compensaciones, por ejemplo, equilibrando equidad y libertad, autonomía y comunidad, innovación y continuidad, y eficiencia y democracia. (OCDE, 2018b, p. 5).

Dentro de esta dimensión, hay numerosos retos que podremos examinar con nuestro alumnado:

- *Desigualdades económicas y de desarrollo entre norte-sur global*: las causas de la división Norte-Sur son complejas y son un magnífico ejemplo de lo que se puede indagar en nuestras aulas para desarrollar la competencia global. Se pueden abordar las causas de estas desigualdades, los procesos de descolonización, el movimiento panafricanista…

- *Desigualdades, brechas de género y ecofeminismo*: según el informe sobre brecha de género 2024 del Foro Económico Mundial, aún nos faltarían 134 años para lograr la paridad de género. Dentro de las muchas desigualdades que podemos investigar, está la cuestión de la economía de los cuidados, que recae mayoritariamente sobre las mujeres. En este informe, España ocupa el décimo lugar mundial en igualdad de género. Educar con perspectiva de género es uno de los ejes transversales de las recientes políticas educativas de distintos países. En el caso del ecofeminismo, tenemos un nuevo ejemplo de la interrelación entre desigualdad de grupos sociales (en este caso la subordinación de las mujeres y otros grupos no privilegiados) y la sobreexplotación y degradación de la biosfera.

- *Brechas en la digitalización y el acceso a la información, la sobreexposición digital y los retos de educar al Homo Digitalis*: en tiempos de la Inteligencia Artificial, y después de los efectos que la brecha digital tuvo durante la pandemia de la covid-19, los retos que tienen que ver con la digitalización son también muy importantes en el desarrollo de la EDSCG. Nuestro alumnado debe comprender la desigualdad existente en el acceso, la calidad, el uso y la formación en tecnologías de la información, tanto como consumidores como productores, y cómo esta desigualdad actúa como factor de exclusión, tanto social como personal. Se pueden trabajar también cuestiones como el efecto FOMO (*Fear of Missing Out*) o la viralización de bulos en nuestras sociedades.

- *Desempleo juvenil y perfiles menos cualificados, efectos de la automatización y de los conflictos geopolíticos en el sector laboral*: un reciente informe del Foro Económico Mundial, publicado en 2025, señala que el cambio tecnológico, la cada vez más fuerte presencia de la Inteligencia Artificial, la fragmentación geoeconómica y geopolítica, la incertidumbre, los cambios demográficos y la transición verde —individualmente y en conjunto— se encuentran entre los principales factores que se espera que den forma y transformen el mercado laboral mundial hasta 2030. La tasa mundial de desempleo juvenil, aunque ha descendido ligeramente, sigue siendo elevada, de un 13 %.

- *Debilidad de las democracias mundiales*: lamentablemente, tenemos numerosos ejemplos para trabajar con nuestro alumnado sobre este asunto. Se puede reflexionar sobre los peligros de líderes mundiales que muestran un débil apoyo o directamente rechazan las reglas de juego democráticas, que gobiernan un país a pesar de tener condenas judiciales, que niegan la legitimidad de los adversarios políticos, que toleran o fomentan la violencia y que muestran una clara predisposición a restringir las libertades civiles de la oposición.

- *Escalada de los conflictos armados y sus efectos en la población civil*: la violencia a nivel mundial no ha dejado de crecer. Tenemos numerosos ejemplos para trabajar en las aulas: la violencia en México y Colombia; los conflictos en Pakistán y Myanmar; la compleja situación en el Sahel y el terrorismo de los integristas islámicos; la guerra civil en Sudán; el genocidio de Gaza y los constantes ataques a Cisjordania, y lo que nos toca más de cerca, la guerra de Ucrania.

- *Acceso al agua potable e inseguridad alimentaria*: son también numerosos los ejemplos con los que podemos trabajar con el alumnado. Solo en África se calcula que 80 millones de personas padecen inseguridad alimentaria aguda, debido a conflictos, al cambio climático, a las crisis económicas y, por supuesto, a la resaca de la pandemia. Esta crisis se agravó entre 2022 y 2023 con la guerra de Ucrania, al interrumpir el envío de grano al llamado Cuerno de África (Somalia, Etiopía, Kenia y Eritrea).

- *Fragilidad del comercio internacional*: la globalización trae aparejada una interdependencia de las economías nacionales que genera incertidumbre y fragilidad. Podemos recordar cómo en el verano de 2023 Panamá sufrió una sequía extrema que hizo que muchos cargueros no pudieran cruzar el canal de Panamá y cómo se resintió el comercio a nivel mundial. También podemos investigar con nuestro alumnado ejemplos de barreras comerciales como los aranceles, los precios de referencia, los tratados de libre comercio, las licencias de importación, los permisos y certificados sanitarios y fitosanitarios, las regulaciones sobre etiquetado de productos, etc.

En síntesis, las tres dimensiones tratadas (sostenibilidad, interculturalidad y desigualdad) no operan de manera aislada, sino que están profundamente interconectadas en la conceptualización de la ciudadanía global. Lo mismo sucede con los dominios de aprendizaje que la EDSCG busca desarrollar en el alumnado. Por su parte, la UNESCO (2018) propone un marco conceptual integrado que también hace referencia a los pilares de la educación descritos en el famoso *Informe Delors* de 1996: "La educación para la ciudadanía mundial se basa en tres dominios de aprendizaje: cognitivo, socioemocional y conductual. Estos corresponden a los cuatro pilares de la educación: aprender a conocer, a hacer, a ser y a vivir juntos" (p. 22).

Esta visión holística es reafirmada en el más reciente *Educación para el Desarrollo Sostenible: hoja de ruta* (UNESCO, 2020), que integra explícitamente las dimensiones ecológica, social, económica y cultural del desarrollo sostenible.

CONCEPTO DE CIUDADANÍA GLOBAL

En un mundo cada vez más interconectado, el concepto de ciudadanía global ha surgido como una respuesta a la necesidad de formar personas conscientes y comprometidas con las problemáticas que trascienden las fronteras nacionales. Sin embargo, la ausencia de una definición consensuada y la diversidad de enfoques sobre cómo desarrollarla reflejan la complejidad inherente a este concepto. La ciudadanía global implica una práctica activa de compromiso hacia el bienestar común, acercándose a personas y colectivos que sufren abandono y empobrecimiento, y enfrentando desafíos como el racismo y la xenofobia.

Definición y características de la ciudadanía global

La ciudadanía global se refiere a la pertenencia y responsabilidad de los individuos no solo hacia su nación, sino hacia la comunidad global en su conjunto. La UNESCO (2015a), como veremos en el siguiente capítulo, habla de *Ciudadanía Mundial* y la define como el sentido de pertenencia a una comunidad más amplia y a una humanidad común, enfatizando la interdependencia política, económica, social y cultural, así como la interconexión entre los niveles local, nacional e internacional. Este enfoque promueve la comprensión de que nuestras acciones locales tienen repercusiones globales y viceversa.

Podemos encontrar distintas perspectivas sobre la ciudadanía global. Por un lado, encontramos la perspectiva cosmopolita y postnacional que aboga por una ciudadanía que trasciende las fronteras nacionales, promoviendo una identidad basada en valores universales y una ética global. Según Díaz Salazar et al. (2020), este enfoque se alinea con la concepción de una ciudadanía posnacional y transcultural, donde la pertenencia no está limitada por la geografía, sino por la adhesión a principios compartidos de justicia, derechos humanos y sostenibilidad. Por otro lado, están los modelos y prácticas de la ciudadanía global, donde algunos se centran en la educación para el desarrollo sostenible, mientras que otros enfatizan la participación activa en movimientos sociales globales. La diversidad de enfoques refleja la riqueza del concepto y su adaptabilidad a diferentes contextos culturales y sociales.

A pesar de la variedad de enfoques, se pueden identificar tres características fundamentales que están presentes en todos los modelos de ciudadanía global:

1. *Visión mundial de problemas ecológicos y sociales*: la ciudadanía global implica una conciencia profunda de los problemas que afectan tanto a las personas como al planeta. Esto incluye una comprensión de las crisis ecológicas, como el cambio climático y la pérdida de biodiversidad, así como las injusticias sociales que perpetúan el sufrimiento y la desigualdad.

2. *Sistema personal de sentimientos y emociones basado en la compasión y la justicia.*: la empatía y la compasión son pilares de la ciudadanía global. Un ciudadano global desarrolla una sensibilidad hacia las injusticias y sufre con el sufrimiento ajeno, lo que lo impulsa a buscar activamente la justicia y la equidad.

3. *Compromiso social*: la ciudadanía global se manifiesta en acciones concretas que buscan transformar la realidad. Este compromiso social puede expresarse a través de la participación en iniciativas locales e internacionales que promuevan el bienestar colectivo y la sostenibilidad.

Por otra parte, la *ecojusticia* es un concepto clave en la ciudadanía global, ya que aborda la intersección entre la justicia social y la sostenibilidad ambiental. Reconoce que las comunidades más vulnerables suelen ser las más afectadas por la degradación ambiental y busca soluciones que promuevan tanto la equidad social como la protección del planeta. Dicho de otro modo, la ecojusticia no solo se centra en la preservación del medioambiente, sino también en la distribución equitativa de los recursos y en la defensa del derecho de todas las personas a vivir en un entorno saludable.

El impacto del cambio climático, la degradación de los ecosistemas y la sobreexplotación de los recursos naturales son problemáticas que no afectan a todas las regiones del mundo por igual. Las zonas más empobrecidas y marginadas del planeta suelen ser las que enfrentan las peores consecuencias, a pesar de haber contribuido en menor medida a la crisis ambiental. Por ello, la ecojusticia exige que las políticas ambientales incluyan la perspectiva de equidad, garantizando que las soluciones adoptadas no agraven las desigualdades existentes, sino que promuevan la inclusión y la resiliencia de las zonas más afectadas.

Desde la ciudadanía global, la ecojusticia implica el reconocimiento de la interdependencia entre los seres humanos y la naturaleza, así como el fomento de una ética de cuidado y responsabilidad hacia el planeta. Esta visión requiere una transformación en la forma en que las sociedades producen y consumen, apostando por modelos económicos sostenibles que respeten los límites ecológicos del planeta y garanticen el bienestar de las generaciones presentes y venideras.

Para que la ecojusticia se integre en la ciudadanía global, es fundamental que la educación desempeñe un papel de concienciación y formación de ciudadanos comprometidos con la sostenibilidad. La incorporación de contenidos sobre justicia ambiental en los currículos educativos, el fomento del pensamiento crítico respecto a los modelos de desarrollo predominantes y la promoción de la participación en iniciativas comunitarias de protección ambiental son estrategias clave para formar individuos capaces de actuar en defensa de un mundo más justo y sostenible.

Asimismo, la ecojusticia exige la adopción de políticas públicas que garanticen el acceso equitativo a los recursos naturales y la disminución de los efectos del cambio climático en las poblaciones más vulnerables. La presión de la ciudadanía global sobre los gobiernos y las instituciones juega un papel determinante en la exigencia de normativas que favorezcan un desarrollo más equitativo y respetuoso con el medioambiente.

Educación para la ciudadanía global

La promoción de la ciudadanía global ha sido un objetivo fundamental para organismos como la ONU y la UNESCO, como ya hemos abordado anteriormente. Concretamente, han impulsado la educación para la ciudadanía mundial desde hace varios años, considerándola como una de las tres prioridades educativas del siglo XXI. En este sentido, la Agenda 2030 y los ODS incluyen la formación de una ciudadanía mundial como eje estratégico.

Por su parte, la OCDE (2018a) ha incorporado la competencia global en sus evaluaciones educativas. En el *Programa para la Evaluación Internacional de los Estudiantes* (PISA), definió la competencia global como una capacidad multidimensional que incluye la habilidad para examinar asuntos locales, globales e interculturales; comprender y apreciar distintas perspectivas; interactuar respetuosamente con otros, y actuar de forma responsable para el bienestar colectivo.

La educación es una herramienta esencial para el desarrollo de la ciudadanía global. La EDSCG busca empoderar a las personas para que participen activamente en la promoción de la justicia y la sostenibilidad. Este enfoque educativo se basa en pedagogías críticas y poscríticas, analizando cómo la globalización influye en nuestras vidas y promoviendo una transformación social. A pesar de su potencial transformador, la ciudadanía global presenta grandes desafíos. La falta de consenso sobre su definición y la diversidad de enfoques pueden dificultar su implementación efectiva. Además, las diferencias culturales, políticas y económicas entre regiones pueden generar resistencias o interpretaciones distintas del concepto. En esta línea, Hansen (2013) propone la figura del 'profesor cosmopolita' como aquel educador capaz de equilibrar la apertura hacia lo nuevo y global con la lealtad hacia lo conocido y local, desarrollando una pedagogía que honra tanto las tradiciones particulares como los valores universales, siendo clave para formar ciudadanos globales desde la escuela.

CIUDADANÍA GLOBAL Y COMPETENCIA GLOBAL: DIMENSIONES

La ciudadanía global, tal como la define la UNESCO (2015a), implica un sentido de pertenencia a una comunidad amplia y a una humanidad común. En enfoque promueve la interdependencia política, económica, social y cultural, y busca la construcción de un mundo más equitativo, pacífico y sostenible. Para que este concepto se traduzca en acciones concretas, es imprescindible contar con ciudadanos capaces de analizar problemas globales, comprender perspectivas diversas, interactuar eficazmente con personas de diferentes culturas y actuar de forma responsable. Estas capacidades son precisamente las que constituyen la base de la competencia global según PISA.

El informe PISA de 2018 (OCDE, 2018a) define la competencia global como la capacidad multidimensional para examinar asuntos de relevancia local, global y cultural; comprender y apreciar diversas perspectivas; interactuar eficazmente con individuos de diferentes culturas, y tomar medidas responsables para el bienestar colectivo y el desarrollo sostenible. A partir de estas definiciones, se pueden establecer conexiones directas entre la ciudadanía global y las dimensiones de la competencia global.

Para que la ciudadanía global sea un concepto efectivo y no solo una aspiración abstracta, es fundamental que se integre la competencia global en los procesos de enseñanza-aprendizaje (Sanz et al., 2022). Los sistemas educativos deben garantizar que los estudiantes desarrollen las habilidades cognitivas, socioemocionales y conductuales necesarias para desenvolverse en un mundo cada vez más interconectado.

Dimensiones de la competencia global y su contribución a la ciudadanía global

Análisis de cuestiones globales y locales

Una característica esencial de la ciudadanía global es la capacidad de reconocer y comprender los problemas que afectan al mundo en su conjunto. Esta dimensión de la competencia global permite a los individuos desarrollar un pensamiento crítico sobre temas como la desigualdad económica, el cambio climático, los conflictos internacionales y la migración. Para ser ciudadanos globales, es imprescindible que las personas sean capaces de analizar estos problemas en profundidad, considerando su impacto tanto a nivel local como internacional. El análisis de cuestiones globales y locales requiere una comprensión integral de la complejidad de los fenómenos que afectan a la humanidad. Por tanto, es fundamental el acceso a información verificada y contrastada, el desarrollo de habilidades de pensamiento crítico y la capacidad de interpretar datos de diversas fuentes. La educación en este ámbito debe fomentar el debate informado y la reflexión sobre las causas, consecuencias y posibles soluciones de problemáticas como la pobreza extrema, el cambio climático y la crisis migratoria.

Así pues, esta dimensión implica un ejercicio constante de contextualización. Los problemas globales no pueden entenderse sin considerar las dinámicas locales, del mismo modo que las acciones locales pueden tener repercusiones globales. El ciudadano global competente debe ser capaz de analizar cómo una política económica en una gran región del mundo puede afectar a poblaciones lejanas o cómo un movimiento social en un país puede influir en cambios estructurales a nivel internacional.

La interdependencia entre lo global y lo local se evidencia en fenómenos como la pandemia, que demostró cómo un problema sanitario en una zona específica puede transformarse en una crisis mundial con implicaciones económicas, sociales y políticas en todos los continentes. Del mismo modo, el cambio climático es un desafío global que requiere soluciones coordinadas, pero con aplicaciones y respuestas específicas en cada contexto local.

En este sentido, los sistemas educativos juegan un papel clave en la formación de ciudadanos críticos y reflexivos, capaces de analizar información de manera objetiva y de desarrollar estrategias para la resolución de problemas desde un enfoque integrador. La enseñanza basada en proyectos, el uso de estudios de casos y la promoción de debates abiertos son estrategias pedagógicas adecuadas para fortalecer esta dimensión de la competencia global.

Comprensión y apreciación de diversas perspectivas

En el contexto de la ciudadanía global, la capacidad de comprender y apreciar diversas perspectivas es fundamental para la construcción de sociedades pacíficas, justas e inclusivas. Esta dimensión de la competencia global implica no solo el reconocimiento de la diversidad cultural, sino también el desarrollo de la empatía y la capacidad de interactuar de manera respetuosa con personas que poseen diferentes visiones del mundo.

La apreciación de diversas perspectivas requiere un esfuerzo activo por comprender las raíces históricas, sociales y culturales de las diferencias en el pensamiento y en los valores. No se trata solo de reconocer que existen opiniones distintas, sino de ser capaces de analizarlas en profundidad y de cuestionar los propios prejuicios y sesgos. Este proceso se fortalece a través de la educación intercultural, el contacto con diferentes tradiciones y el desarrollo de una mentalidad abierta al diálogo.

Un aspecto clave en esta dimensión es la capacidad de gestionar el desacuerdo de manera constructiva. En un mundo donde la polarización política y social se ha intensificado, la habilidad para debatir sin caer en la confrontación es esencial. Las sociedades globalizadas requieren personas capaces de mantener discusiones críticas sin recurrir a la intolerancia o la descalificación. La educación debe proporcionar herramientas para fomentar la argumentación y el respeto mutuo, promoviendo valores de coexistencia y cooperación.

Igualmente, esta dimensión es crucial en un contexto donde la desinformación y las noticias falsas proliferan. La competencia global exige que las personas desarrollen un pensamiento crítico que les permita evaluar la fiabilidad de las fuentes de información y evitar la difusión de discursos de odio o estereotipos perjudiciales. La alfabetización mediática se convierte, por consiguiente, en un componente esencial de la comprensión de diversas perspectivas.

La inclusión de la diversidad de perspectivas en la educación se puede lograr a través de metodologías activas, como el aprendizaje basado en proyectos interculturales, la literatura de autores de distintos contextos y el análisis de estudios de caso sobre conflictos internacionales y su resolución. Programas de intercambio cultural, diálogos con comunidades migrantes y la integración de narrativas múltiples en los contenidos educativos también contribuyen al desarrollo de esta competencia. En definitiva, la comprensión y apreciación de diversas perspectivas es un pilar fundamental de la ciudadanía global. Sin esta capacidad, el diálogo intercultural se ve limitado y la construcción de sociedades equitativas se torna más difícil. Desarrollar esta dimensión implica un trabajo continuo de autoconciencia, apertura mental y disposición a aprender de los demás, reconociendo la riqueza de la diversidad humana como un elemento clave para la convivencia global.

Interacción eficaz y respetuosa con personas de diferentes culturas

En un mundo globalizado, la interacción entre personas de diferentes orígenes culturales es una realidad en distintos contextos, como el laboral, el académico y el social. La capacidad de comunicarse eficazmente y de manera respetuosa con personas de distintas culturas no solo es un requisito para la convivencia pacífica, sino también una competencia fundamental para el éxito en un mundo interconectado.

Esta dimensión de la competencia global implica la habilidad de comprender las diferencias culturales, adaptarse a distintos estilos de comunicación y superar barreras lingüísticas y sociales. Para ello, es fundamental el desarrollo de habilidades interculturales que permitan a los individuos reconocer y respetar las normas y valores de otras culturas sin prejuicios ni estereotipos.

Dentro de las habilidades fundamentales para la interacción intercultural encontramos:

- *Competencia comunicativa*: la comunicación efectiva va más allá del lenguaje. Incluye la capacidad de interpretar y utilizar el lenguaje no verbal, la empatía en la escucha activa y la disposición para adaptar el estilo de comunicación según el contexto cultural.

- *Sensibilidad cultural*: es la habilidad de percibir y valorar las diferencias culturales, evitando imponer visiones etnocéntricas. Se trata de comprender que los comportamientos y valores de otras culturas tienen su propio marco de referencia y deben ser analizados en su propio contexto.
- *Resolución de conflictos interculturales*: en entornos multiculturales pueden surgir malentendidos debido a diferencias en normas sociales, valores y estilos de comunicación. La capacidad de gestionar estos conflictos de manera constructiva es esencial para fomentar la convivencia pacífica y la cooperación internacional.

La interacción eficaz y respetuosa entre diferentes culturas es aplicable tanto en el ámbito educativo, como en el entorno laboral y la vida cotidiana. Los entornos educativos son espacios de diversidad cultural donde es fundamental fomentar la interacción positiva entre estudiantes de distintos orígenes. Programas de intercambio de estudiantes, proyectos colaborativos internacionales y la enseñanza de idiomas son estrategias clave para fortalecer esta dimensión. En el contexto laboral, las empresas y organizaciones trabajan en un contexto globalizado donde el trabajo en equipos multiculturales debería ser la norma. La capacidad de adaptarse a distintas dinámicas laborales y de colaborar con compañeros de diferentes culturas es un factor determinante para el éxito profesional. En la vida cotidiana, la interacción eficaz con personas de diferentes culturas también ocurre, por ejemplo, desde el trato con vecinos hasta el acceso a servicios públicos y la participación en actividades comunitarias. El respeto y la apertura hacia otras culturas enriquecen las experiencias personales y fortalecen la cohesión social.

La educación desempeña un rol clave en el desarrollo de la competencia intercultural. Incluir en los planes de estudio contenidos sobre diversidad cultural, derechos humanos e historia global ayuda a los estudiantes a comprender la importancia del respeto mutuo y la cooperación internacional. Así pues, las metodologías pedagógicas basadas en la experiencia, como el aprendizaje basado en proyectos interculturales y la participación en debates globales, permiten a los estudiantes aplicar estos conocimientos en contextos reales.

En definitiva, la interacción eficaz y respetuosa con personas de diferentes culturas es un componente esencial de la ciudadanía global y la competencia global. Desarrollar esta habilidad no solo promueve la paz y la cooperación, sino que también prepara a las personas para participar activamente en un mundo donde la diversidad cultural es una de sus principales riquezas.

Toma de acciones responsables para el bienestar colectivo y el desarrollo sostenible

Esta dimensión es también un pilar fundamental de la ciudadanía global, ya que implica la transición del conocimiento y la reflexión hacia la acción. No basta con comprender los problemas globales o apreciar la diversidad cultural; la ciudadanía global requiere un compromiso activo con la transformación del entorno y la promoción de la justicia social y ambiental. Implica la capacidad de tomar decisiones informadas y responsables, con el objetivo de contribuir al desarrollo de sociedades más equitativas, inclusivas y sostenibles. Para ello, es esencial que los ciudadanos globales posean habilidades de liderazgo, resolución de problemas y pensamiento crítico que les permitan diseñar y llevar a cabo soluciones viables para los desafíos actuales.

Los ámbitos prioritarios de aplicación de esta dimensión son principalmente:

- *Sostenibilidad ambiental*: la crisis climática y el deterioro del medioambiente exigen una ciudadanía comprometida con prácticas ecológicas responsables. La adopción de hábitos sostenibles, como el consumo responsable, la reducción de residuos y el uso eficiente de recursos naturales, es necesaria para garantizar el bienestar de las futuras generaciones.
- *Justicia social y equidad*: las desigualdades económicas, de género y de acceso a la educación y la salud requieren acciones colectivas que promuevan la equidad y la inclusión social. La ciudadanía global fomenta la defensa de los derechos humanos y la participación en iniciativas que buscan erradicar la pobreza, la discriminación y otras formas de exclusión.
- *Compromiso ético y participación democrática*: la construcción de sociedades justas y democráticas depende de la participación activa de los ciudadanos en los procesos políticos y comunitarios. Esto implica votar de manera informada, involucrarse en debates públicos y formar parte de organizaciones sociales que trabajen en la defensa de causas de interés común.

La educación tiene un papel fundamental en la formación de personas comprometidas con la toma de acciones responsables. Para ello, es necesario llevar a las aulas estrategias que fomenten el aprendizaje basado en proyectos, el voluntariado y el trabajo colaborativo. Pero debemos también añadir que la promoción de acciones responsables no debe recaer exclusivamente en los individuos, sino también en las instituciones y políticas a favor de la sostenibilidad y la equidad. Iniciativas como los ODS de la ONU constituyen un referente fundamental para orientar las acciones de los ciudadanos globales hacia un mundo más justo y sostenible.

El análisis de las cuatro dimensiones que acabamos de exponer nos permite comprender la estrecha relación entre la educación para la ciudadanía global y el desarrollo de habilidades fundamentales para la convivencia en un mundo interconectado. Estas dimensiones no solo ofrecen una estructura para la comprensión de problemas globales, sino que también establecen un marco de referencia para la acción responsable y la promoción de sociedades equitativas y sostenibles.

En primer lugar, el análisis de cuestiones globales y locales es un requisito para formar ciudadanos críticos y reflexivos. La capacidad de comprender las problemáticas que afectan a diferentes regiones del mundo y su interconexión con la realidad local permite a las personas actuar con mayor conciencia y responsabilidad. La educación debe garantizar que los individuos no solo reciban información, sino que también desarrollen habilidades para interpretar y analizar de forma crítica los desafíos a los que nos enfrentamos.

Por otro lado, la comprensión y apreciación de diversas perspectivas resulta indispensable en un mundo caracterizado por la diversidad cultural y social. Fomentar la empatía y el respeto por otras formas de pensar y vivir contribuye a la cohesión social y a la resolución pacífica de conflictos. Esta dimensión es crucial para prevenir la polarización y fortalecer el diálogo intercultural, promoviendo valores de tolerancia y cooperación.

La interacción eficaz y respetuosa con personas de diferentes culturas complementa las dos dimensiones anteriores al traducir el conocimiento y la comprensión en una práctica social efectiva. En un contexto globalizado, la capacidad de comunicarse con personas de distintos orígenes, adaptarse a entornos multiculturales y superar barreras lingüísticas y culturales es una habilidad clave para la vida profesional, social y política. Esta competencia no solo mejora la cooperación internacional, sino que también enriquece el desarrollo personal y colectivo.

Finalmente, la toma de acciones responsables para el bienestar colectivo y el desarrollo sostenible representa el nivel más alto de la competencia global, ya que implica la aplicación del conocimiento e iniciativas concretas para transformar la realidad. No basta con comprender los problemas y valorar la diversidad; es necesario que las personas participen activamente en la solución de los desafíos sociales y ambientales.

A modo de conclusión, la ciudadanía global y la competencia global son conceptos inseparables que deben ser promovidos de manera conjunta para garantizar una participación activa y efectiva en la construcción de un mundo más justo y sostenible. La formación en estas competencias no solo beneficia a los individuos, sino que fortalece también la resiliencia de las comunidades y contribuye al desarrollo de sociedades más democráticas, equitativas y sostenibles. La educación es el principal vehículo para lograr este objetivo, proporcionando las herramientas necesarias para que las generaciones presentes y futuras puedan ejercer una ciudadanía global informada, empática y comprometida con el bienestar colectivo.

SÍNTESIS

Resumimos de manera conceptual las relaciones fundamentales entre educación y ciudadanía, sus principales retos y competencias.

2

La ciudadanía global en el marco político supranacional

Adrián Neubauer
María Jesús Martínez-Usarralde

En la larga historia de la humanidad (y del mundo animal también), aquellos que aprendieron a colaborar e improvisar de la forma más efectiva han prevalecido.

CHARLES DARWIN

INTRODUCCIÓN

La vida en los centros educativos es intensa. Tanto es así que apenas deja tiempo para reflexionar y hacerse preguntas importantes. La urgencia del día a día marca nuestras agendas como docentes. Por ese motivo, en este capítulo trataremos de abrir una ventana para conocer cómo abordan los organismos supranacionales e internacionales la ciudadanía global o mundial en sus políticas. A pesar de que estos organismos parezcan lejanos o ajenos, su influencia en nuestra acción como docentes es cada vez mayor. Antes de avanzar en esta explicación, parece oportuno mencionar algunos de los organismos más importantes en educación, entre los que destacan especialmente la UNESCO y la OCDE.

Estos actores políticos influyen de distinta manera en las agendas educativas de los países de todo el mundo (Dale, 1999). Rara vez "imponen" medidas que los Estados nación han de implementar, pues estos organismos internacionales y supranacionales no tienen el poder necesario —habitualmente— para obligar a los países a incorporar sus medidas. Por ello, tratan de ser sugerentes —y convincentes— en sus políticas. Por esa razón, también, elaboran numerosos informes, libros, publicaciones y seminarios donde ensalzan las virtudes y destacan la relevancia de sumarse a su idea de entender la educación. En otras ocasiones, también invitan a copiar modelos de éxito de otros países, argumentando que, si a ellos les ha funcionado, también funcionará para otros. Igualmente, plantean recomendaciones para armonizar y/o estandarizar diferentes cuestiones en el ámbito educativo. El proceso Bolonia en la Unión Europea es un buen ejemplo, al crear un sistema universitario común europeo.

De hecho, el ejemplo más representativo de cómo actúan lo encontramos en PISA. Desde que esta prueba estandarizada se aplicara por primera vez en 2000, los Estados nación han dedicado numerosos esfuerzos a situarse en el podio de esta prueba o, dicho de otra manera, a tener uno de los mejores sistemas educativos del mundo. Para alcanzar esta meta, hemos pasado de enseñar contenidos a desarrollar competencias, que es precisamente lo que evalúa PISA. En esta línea, se ha aumentado el número de horas de aquellas materias —lectoescritura y STEM— directamente vinculadas con la evaluación de PISA. Por si estos datos pudieran ser mera casualidad, algunos países como España han justificado cambios en sus políticas educativas con el fin de mejorar los resultados en esta prueba. Por lo tanto, estos organismos no son ajenos a la educación que vivimos en las aulas, sino que son los titiriteros que orientan las acciones de los personajes que, como marionetas, forman parte de esta obra llamada "La educación global". Pasen y vean…

En este capítulo animamos, por tanto, a que, con lo atesorado en el capítulo anterior respecto al concepto e idea (nosotros lo denominamos *paradigma*) de ciudadanía global, sumemos ahora otra línea de reflexión: cómo interpretan este concepto los organismos supranacionales e internacionales, pues cada personaje juega su papel en el escenario educativo.

ORGANISMOS INTERNACIONALES Y CIUDADANÍA GLOBAL. IDENTIDADES

Los actores mencionados anteriormente en nuestra metáfora han sido, en esta línea, definidos por quienes escribimos este capítulo, con un epíteto que acompañe la manera en que cada uno de ellos ha bosquejado, perfilado y trabajado hasta sus últimas consecuencias su idea de ciudadanía global. Así, hemos dotado a "la identidad" de la idea de ciudadanía global, de múltiples "identidades", que, como van a comprobar, resulta sumamente creativa y reveladora.

OCDE: la más global

Hemos empezado denominando así a la OCDE porque, a nuestro juicio, tras compararla con otros organismos internacionales, es la que más se merece este apelativo de ciudadanía global, con mayúsculas. Porque lo ha acuñado y extendido como seña de identidad: en 2018 añadió al Informe PISA la denominada

Competencia Global que, según este mismo informe, tiene como objetivo que, mediante

> el aprendizaje multidimensional y permanente, los individuos a escala mundial puedan examinar cuestiones locales, globales e interculturales, comprender y apreciar diferentes perspectivas y visiones del mundo, interactuar con éxito y de manera respetuosa con los demás y actuar de modo responsable hacia la sostenibilidad y el bienestar colectivo.

En esta definición atisbamos cuatro dimensiones de competencia global necesarias para desenvolverse en la vida cotidiana (OCDE, 2018):

– La capacidad para analizar problemas y situaciones de importancia local, global y cultural.
– La capacidad para comprender y apreciar perspectivas y visiones diferentes del mundo.
– La capacidad de establecer interacciones positivas con personas de diferentes contextos nacionales, étnicos, religiosos, sociales y culturales y de distinto sexo.
– La capacidad y disposición para adoptar medidas constructivas hacia el desarrollo sostenible y el bienestar colectivo.

La estructura se organiza en cuatro bloques fundamentales relacionados entre sí:

• *Conocimientos del mundo y de otras culturas:* se debe tener conciencia de las cuestiones globales que afectan a la vida local y al mundo, así como conocimiento intercultural, es decir, el conocimiento de las culturas para ser capaces de no tener estereotipos ni discriminar a otras personas. El plan de estudios de los centros educativos debe prestar atención a la cultura y a las relaciones interculturales, al desarrollo socioeconómico e interdependencia, a la sostenibilidad medioambiental y al apoyo de las instituciones formales e informales que fomentan las relaciones pacíficas entre las personas y el respeto a los derechos humanos.

• *Habilidades para comprender el mundo y actuar*: competencia que se basa en adquirir habilidades específicas de carácter cognitivo, comunicativo y socioemocionales, que se definen como la capacidad para llevar a cabo un pensamiento y comportamiento complejos, lo cual requiere que el alumnado adquiera destrezas como la comunicación efectiva y respetuosa, la toma de perspectiva para comprender cómo se comportan las demás personas y la adaptabilidad en cuanto a pensamiento y comportamiento, dependiendo del entorno cultural predominante.

• *Actitudes de apertura, respeto por los individuos de diferentes contextos culturales y conciencia global*: refiriéndose con ello a la mentalidad que un individuo adopta hacia una persona, grupo o institución, que integra creencias, evaluaciones, sentimientos y tendencias a comportarse de una forma concreta. Es decir, el comportamiento competente siempre requerirá una actitud de apertura hacia personas de otros contextos culturales y poseer una *mentalidad global* con respeto a la dignidad del resto de las personas y a sus creencias.

- *Valoración de la diversidad y de la dignidad humana:* ambos factores se erigen como filtros críticos a través de los cuales los individuos procesan la información acerca de otras culturas y deciden cómo interactuar con ellas. Las personas que cultivan estos valores son más conscientes de sí mismas y del entorno que les rodea.

A pesar de tener un recorrido mucho menor que la UNESCO, la educación para la competencia global de la OCDE se evalúa en los estudios PISA, ya mencionados. Inicialmente fue concebido como un estudio trienal, aunque a partir de 2025 se realizará de forma cuatrienal, dada la necesidad de adecuarlo a la extensión que presenta y a las demandas de los países que participan.

Las principales características de este análisis comparativo con otros países se vinculan a la idiosincrasia de lo que ya se utilizaba para medir la competencia en comprensión lectora, en matemáticas o en ciencias:

- Orientación hacia las políticas educativas que relacionan el aprendizaje del estudiantado con el contexto escolar y familiar para determinar el rendimiento y plantear mejoras dentro del sistema educativo.
- Enfoque basado en las competencias, es decir, se basa en una concepción del conocimiento de forma integral.
- Atención a la importancia del aprendizaje a lo largo de la vida, lo que implica tener en cuenta la capacidad del alumnado para ser independiente y enfrentarse a las situaciones complejas que pueden presentarse en los distintos contextos.
- Carácter comparativo, al realizarse cada tres o cuatro años.
- El grado de participación también es relevante, ya que se involucran en el estudio 37 países miembros de la OCDE y 43 países asociados.

El primer estudio de competencia global en PISA (2017) incluyó a España, Colombia, Israel, Japón, Corea del Sur y Singapur. Con los resultados obtenidos en este primer estudio se diseñaron nuevos instrumentos de evaluación, ya observables en el informe PISA del año 2018. En el informe PISA 2020, por su parte, se publicaron los resultados sobre la competencia global en seis informes distintos distribuidos por temas: diferencias de género en el rendimiento del alumnado teniendo en cuenta el nivel socioeconómico, rendimiento, origen y bienestar; la salud física y emocional del alumnado; el papel del profesorado y las familias y su influencia en la construcción del clima escolar; los conocimientos que el alumnado posee sobre economía y educación financiera y la capacidad del alumnado para plantearse cuestiones locales, globales e interculturales.

El alumnado español quedó muy bien retratado en los resultados obtenidos, mostrando, por ejemplo, las actitudes más positivas hacia personas inmigrantes (con valores significativamente superiores a la media de la OCDE), mayor grado de conciencia de los problemas mundiales, junto con otros países, así como la adopción de medidas que favorecen la sostenibilidad.

Banco Mundial: el comprometido

Dado que la ciudadanía global es un concepto que ha cobrado cada vez más relevancia en el contexto actual de globalización e interconexión, el Banco Mundial, como principal institución financiera internacional dedicada a la reducción de la pobreza y el fomento del desarrollo, ha jugado un papel importante en la promoción de este concepto.

Desde su creación, el organismo, que se concibe como la institución con más poder financiero en el mundo que trabaja con países del sur global, ha reconocido la importancia de la ciudadanía activa y participativa como un pilar fundamental para el desarrollo sostenible. Así lo demuestra a través de su programa de *Ciudadanía Comprometida* (*Citizen Engagement*), puesto en marcha desde 2021 a propósito de la pandemia de la covid-19. Una ciudadanía informada y comprometida es esencial para construir sociedades más justas y sostenibles: fomentar el diálogo, la tolerancia y la comprensión mutua a través de la educación para la ciudadanía puede ayudar a prevenir conflictos, fortalecer la democracia y la promover el desarrollo sostenible.

El Banco Mundial ha integrado la ciudadanía global en sus estrategias y proyectos de educación de diversas maneras:

- *Financiación de proyectos*: ha invertido en proyectos que promueven la educación para la ciudadanía global, como programas escolares que enseñan sobre los Objetivos de Desarrollo Sostenible (ODS) y la importancia de la cooperación internacional, a través de proyectos acometidos en Colombia, Jamaica o Brasil.

- *Fomento de la participación ciudadana en el aula*: ha apoyado iniciativas como "Participación joven, voz y ciudadanía activa" en Túnez, que busca romper las barreras para la inclusión social y aumentar la participación de los alumnos en la toma de decisiones, para que puedan influir en las políticas que afectan sus vidas.

- *Promoción de la cooperación internacional en materia educativa*: ha fomentado la cooperación educativa entre países para abordar desafíos globales, como el cambio climático y las pandemias. Países como Nigeria, Kenia, Tanzania y Sudáfrica, en África; Indonesia, Filipinas y Vietnam, en Asia, y Brasil, Colombia y México, en América Latina, han sido financiados por este organismo con iniciativas para fortalecer la participación ciudadana y promover la democracia.

- *Integración de la perspectiva de género*: ha reconocido la importancia de la igualdad de género y promovido proyectos que empoderan a las mujeres y las niñas en educación, fundamentales para lograr un desarrollo sostenible, como se desprende de su programa *ThinkEQUAL*.
- *Creación y sostenimiento de plataformas digitales para la participación ciudadana:* ha apoyado el desarrollo de plataformas digitales y formado a la ciudadanía para participar en consultas públicas, expresar opiniones y monitorear el desempeño de sus gobiernos.
- *Diseño de políticas*: ha colaborado con gobiernos para diseñar políticas educativas que promuevan la participación ciudadana.
- *Investigación y conocimiento*: ha realizado estudios y compartido conocimientos sobre las mejores prácticas en educación para la ciudadanía.
- *Colaboración con otros actores*: ha trabajado con organizaciones de la sociedad civil, gobiernos y otras instituciones para fortalecer la educación para la ciudadanía.

En resumen, el Banco Mundial desempeña un papel crucial en la promoción de la ciudadanía global al financiar proyectos que fomentan la educación, la participación ciudadana y la cooperación internacional. Sin embargo, aún queda mucho por hacer para superar los desafíos y construir un mundo más justo y sostenible para todos.

OEI: la consciente

La Organización de Estados Iberoamericanos para la Educación, la Ciencia y la Cultura (OEI) concibe la ciudadanía global como un concepto que va más allá de las fronteras nacionales. Se trata de reconocerse como parte de una comunidad internacional, de compartir valores y responsabilidades y de comprometerse con el bienestar de toda la humanidad. Desde su programa *Metas Educativas 2021*, el organismo se alinea con la agenda internacional de los ODS y con la cooperación regional para lograr un desarrollo inclusivo y pleno de la región iberoamericana.

Para la OEI, la ciudadanía global implica, ante todo, *consciencia* global: comprender los desafíos globales como el cambio climático, la desigualdad, la pobreza y los conflictos, y reconocer su impacto en nuestras vidas y en las de otros; adherirse a valores como la justicia, la igualdad, la solidaridad y el respeto por la diversidad cultural; participar activamente en la construcción de un mundo más justo y sostenible, contribuyendo a la resolución de problemas globales; adquirir competencias interculturales para comunicarse y colaborar con personas de diferentes culturas y orígenes, reconociendo que nuestras acciones tienen un impacto en el mundo y asumiendo la responsabilidad de nuestras decisiones.

La OEI considera, por todo lo anterior, que la educación para la ciudadanía global resulta fundamental para fortalecer la democracia desde la participación ciudadana y el diálogo, promover el desarrollo sostenible, prevenir conflictos y crear un mundo más conectado en la construcción de un futuro común. Para posibilitarlo, el organismo creó el programa de *Educación en Derechos Humanos y Ciudadanía* en 2022, y a través de él desarrolla diversas acciones (57 en el momento de la redacción de este texto) para promover la ciudadanía global, entre ellas: publicaciones (difusión de investigaciones y materiales educativos sobre ciudadanía global), proyectos educativos (implementación de programas educativos en escuelas y universidades para fomentar la conciencia global y el compromiso social); redes de colaboración (entre instituciones educativas, organizaciones de la sociedad civil y gobiernos para compartir experiencias y buenas prácticas); y capacitación docente, entre otros.

Algunos ejemplos concretos de proyectos de la OEI:

- *Educar para la Ciudadanía Global*: proyecto desarrollado en Portugal, se centró en la formación de profesores y la creación de materiales didácticos para promover la ciudadanía global en el área curricular de Ciudadanía y Desarrollo.

- *Construyendo Ciudadanía Integral Responsable*: proyecto llevado a cabo en República Dominicana.

- *Programa Iberoamericano de Educación en DDHH y Democracia* en Argentina.

- *Red Iberoamericana de Escuelas Asociadas a la UNESCO*: esta red fomenta la colaboración entre escuelas de toda Iberoamérica para desarrollar proyectos educativos innovadores relacionados con los ODS y la ciudadanía global.

- *Programa Iberoamericano de Formación de Formadores en Educación para el Desarrollo Sostenible*: este programa busca fortalecer las capacidades de los formadores de docentes para que puedan integrar la educación para el desarrollo sostenible en sus programas de formación.

Además, la OEI forma parte del *Programa Iberoamericano de Ciudadanía Global para el Desarrollo Sostenible*, un ambicioso y bien pergeñado programa de intercambio y aprendizaje que vincula a la región iberoamericana con Europa y África. En resumen, para la OEI, la ciudadanía global es un concepto clave para construir un futuro más justo y sostenible. A través de sus diversas iniciativas, la OEI busca fomentar una conciencia global y un compromiso social en las personas, especialmente en los jóvenes, para que puedan ser agentes de cambio en sus comunidades y en el mundo.

UNESCO: la humanista, pedagógica y emancipadora

Sí, no nos hemos equivocado. La UNESCO merece los tres apelativos. Aunque solo sea porque este organismo ha *respirado* la idea de ciudadanía a lo largo de su historia y desde su creación tras la Segunda Guerra Mundial.

- Es *humanista* porque basta recordar la frase que aparece en el preámbulo de su texto fundacional, hoy muy reconocida: "Puesto que las guerras nacen en la mente de los hombres, es en la mente de los hombres donde deben erigirse los baluartes de la paz". Toda una declaración de intenciones desde la que la idea de *Ciudadanía* entra a formar parte de su esencia, su política y su acción pedagógica.

- Es *pedagógica* porque la Educación para la Ciudadanía Mundial (ECM) constituye un concepto medular de la visión de la UNESCO para la educación en el siglo XXI, y se erige como un pilar de los Objetivos de Desarrollo Sostenible y de la Agenda 2030, en concreto del ODS 4 y la meta 4.7, en la que se establece que:

  > De aquí a 2030, asegurar que todos los alumnos adquieran los conocimientos teóricos y prácticos necesarios para promover el desarrollo sostenible, entre otras cosas mediante la educación para el desarrollo sostenible y los estilos de vida sostenibles, los derechos humanos, la igualdad de género, la promoción de una cultura de paz y no violencia, la *ciudadanía mundial* y la valoración de la diversidad cultural y la contribución de la cultura al desarrollo sostenible.

La ECM reemplaza iniciativas anteriores en materia de educación e integra conceptos previamente definidos sobre "la educación para la comprensión, la cooperación y la paz internacionales y la educación relativa a los derechos humanos y las libertades fundamentales", "la educación para la paz, los derechos humanos y la democracia" y la educación para "aprender a vivir juntos, aprender a ser, aprender a conocer y aprender a hacer", de Delors. Pero, especialmente importante para reconocer por qué tildarlo de *pedagógico*, el concepto de ECM abarca todos los elementos fundamentales de la transmisión de conocimientos: el currículo, la pedagogía y la evaluación, los principios y las prácticas, así como la enseñanza y el aprendizaje.

La educación, para la UNESCO, desempeña un papel esencial en la labor de dotar a los jóvenes de conocimientos, valores, competencias y actitudes necesarias para comprender que tienen derechos y para promover sociedades más justas y democráticas. Además, este organismo desarrolla programas educativos que proporcionan, a la infancia, adolescencia y edad madura, una enseñanza sobre sus derechos y sobre el estado de derecho, proporcionándoles medios para convertirse en ciudadanos y ciudadanas justas. Para ello, UNESCO publica recomendaciones para docentes en esta materia. Recomendamos que acudan a ellas, así como a sus adaptaciones curriculares para los libros de texto y recursos didácticos que reflejen valores como la diversidad y la transculturalidad, el compromiso emancipador y la justicia social a nivel mundial.

- Y es *emancipadora* porque la ECM engloba de manera convincente y significativa las múltiples dimensiones de la mundialización y los paradigmas interpretativos del estado posnacional. La UNESCO concentra sus esfuerzos en diversos temas específicos: la educación como instrumento para prevenir el extremismo violento, la educación sobre el Holocausto y el genocidio, las lenguas en la educación, a los que se añadirá pronto la formación ciudadana hacia una cultura de la legalidad, garantizando la difusión de la ECM mediante una amplia red mundial integrada fundamentalmente por sus propios institutos y centros, otras agencias de las Naciones Unidas y organizaciones intergubernamentales y regionales, la Red del Plan de Escuelas Asociadas de la UNESCO (RedPEA) y el programa UNITWIN y de Cátedras de la UNESCO.

Como síntesis de esta triple calificación, la UNESCO entiende el concepto de la ECM como un bien público mediante el cual los individuos y las comunidades se empoderan progresivamente gracias a la consolidación de la democracia en muchos países y al acceso ampliado al conocimiento. La ECM promueve un ideal basado en la solidaridad global y en un sentido de pertenencia a una humanidad común, al tiempo que anima al estudiantado a tomar decisiones y asumir responsabilidades a nivel mundial, aunque a menudo es vista como un ideal que prioriza las necesidades globales y determina las posibilidades vitales de las personas. Se percibe, en definitiva, como un enfoque que debe considerar y reconocer los entornos educativos de contextos empobrecidos y vulnerabilizados, como pueden ser los entornos afectados por conflictos, perspectiva que hay que revertir. La UNESCO apuesta, en definitiva, por una consolidación de la Educación para la Ciudadanía Mundial sobre pilares basados en la innovación, la diversidad y la educación intercultural interrelacionada con la justicia social, desde su concepción de interdependencia humana emancipatoria.

Unión Europea: la *follower*

La Unión Europea (UE) nace tras el horror de las guerras mundiales que asolaron Europa bajo una "sencilla idea" recogida en la Declaración Schuman: si los países comparten los recursos (el carbón y el acero) por los que pelean, dejarán de combatir. Desde entonces, el proyecto europeo ha tenido sus altibajos: momentos de euforia (por ejemplo, la caída del muro de Berlín, el uso del euro, la entrada en vigor del Espacio Schengen, el mercado único…) y de dudas (la crisis económica de 2008, la gestión de las personas refugiadas, el Brexit…). A pesar de las circunstancias, el proyecto europeo sigue hacia adelante y creciendo, entre otros aspectos, a partir de la educación y la ciudadanía. Tanto es así que la Unión Europea es, posiblemente, uno de los organismos más activos en esta materia. Esto no es de extrañar, dado que, desde su punto de vista, la ciudadanía global se erige como respuesta a las crisis y desafíos mundiales. Además, la Unión Europea se percibe a sí misma como un actor global, por lo que su área de acción supera los límites de sus territorios geográficos.

Otra razón para apostar por la ciudadanía global es que reconoce que la base del proyecto europeo, tan frágil como esperanzador, es la identidad.

Considera que las personas han de sentirse parte de su territorio local, de su país, de Europa (en su sentido más amplio) y, por supuesto, reconocerse como ciudadanos globales. Aquí podemos apreciar cómo, desde el fortalecimiento de la identidad europea, este organismo persigue construir la identidad y la ciudadanía global. Para ello, aboga por repensar las políticas de desarrollo desde una perspectiva crítica, por fomentar el aprendizaje permanente, por reforzar el derecho a la educación y por afrontar los retos ecológicos y tecnológicos desde una ciudadanía comprometida. A este compromiso no podemos poner barreras y debe reflejarse en el entorno más próximo, en el barrio, y, por supuesto, en el global. Coloquialmente, podríamos afirmar que la Unión Europea sigue el lema de "actúa local, piensa global".

Sin embargo, si analizamos las políticas europeas, llegaremos a otra conclusión: a la Unión Europea le entusiasma la Agenda 2030. Recurrentemente insiste en su compromiso con ella y los ODS. Por eso, la Unión Europea se posiciona como una fan incondicional de la ciudadanía global. Defiende que la Educación para la Ciudadanía Global es un requisito indispensable para alcanzar los ODS. Por eso, considera fundamental concienciar a la población de la necesidad de fomentar la ciudadanía global, aunque no es suficiente con eso: todos deben pasar a la acción. La Educación para la Ciudadanía Global necesita la participación de todos los actores sociales (públicos y privados, locales y globales, civiles y académicos…). Reivindica la importancia de construir espacios donde las personas y la sociedad civil lideren la política mundial desde la cooperación y el diálogo.

Liga de Estados Árabes: la resistente

Antes de la Segunda Guerra Mundial, algunos países árabes trataron de fortalecer su cooperación mediante la creación de una organización internacional. Sin embargo, no fue hasta después de la guerra cuando se conformó la Liga de los Estados Árabes que, actualmente, cuenta con 22 países.

A pesar de su dilatada trayectoria, este organismo parece tener una función más simbólica que práctica. Algunos autores consideran que su papel en la región es menor, sugiriendo que la cooperación entre sus países es muy limitada y se reduce habitualmente a cuestiones de defensa y seguridad nacional. Por lo tanto, las acciones educativas y la construcción de ciudadanía global quedan lejos de la esfera de acción de este organismo. Si analizamos esto desde una perspectiva crítica, podemos concluir cómo la falta de documentos en estas materias, o su escasa visibilidad pública, es en sí misma una muestra de su postura.

Otros investigadores (Mohammad-Mahmoud, 2016) apuntan que la Primavera Árabe, que tuvo lugar en el año 2011, fue una oportunidad perdida para este organismo. Desde su punto de vista, esa revolución sociocultural y política, liderada jóvenes, era un momento idóneo para apostar por redefinir la ciudadanía en esos lugares y avanzar hacia una nueva forma de ciudadanía árabe-global.

Por último, una de las premisas fundamentales de la ciudadanía global es la democracia. Lamentablemente, algunos países que conforman la Liga de los Estados Árabes son regímenes autoritarios. Como demuestra la historia de la humanidad, las dictaduras no quieren ciudadanos críticos, emprendedores y comprometidos con los derechos humanos, tal como requiere la competencia global, porque serían una profunda amenaza para su poder.

En conclusión, solo un giro de 180 grados en la configuración, la toma de decisiones, las prioridades y los intereses de la Liga de los Estados Árabes puede hacer que se fomente la ciudadanía global a través de sus políticas.

Unión Africana: la orgullosa

La realidad del continente africano está marcada por una historia caracterizada por la crueldad, la explotación y el dolor. Todavía los estragos del pasado —o presente— colonial en África se hacen presentes. Precisamente, la Unión Africana y sus 55 países, desde 1963, tratan de combatir sus efectos a través de diferentes iniciativas. Sin lugar a duda, su estandarte es la *Agenda 2063*. Efectivamente, no se trata de una errata. Esta puede ser una de las grandes diferencias de este organismo respecto a los demás. La Unión Africana plantea, de forma prudente, una serie de metas a muy largo plazo (coincidiendo con su 100 aniversario), en lugar de otros organismos que establecen grandes —o imposibles— desafíos a lograr en apenas 15 años (véanse los *Objetivos del Milenio* o la *Agenda 2030*).

Más allá de este matiz, vamos a presentar lo más destacado de esta Agenda 2063. Este documento parte de la idea de impulsar el *Renacimiento de África*, no solo para cerrar las heridas del pasado, sino para ocupar un papel protagonista a nivel mundial. Se basa en la idea de un continente Panafricano, siguiendo la línea planteada por Richard Coudenhove-Kalergi (Pan-Europa). Esta nueva África se dibuja como un lugar donde se respetan los derechos humanos y donde cada ciudadano africano puede moverse libremente en su continente. Para ello, la Unión Africana sugiere la creación de un pasaporte africano —similar al europeo— para que sus ciudadanos puedan vivir, estudiar y trabajar en otro país africano.

Acabamos de presentar una idea clave promovida por este organismo: la construcción de una ciudadanía africana. De hecho, la Unión Africana reconoce que este nuevo modelo de ciudadanía requiere mucho trabajo en los próximos años, especialmente para concienciar a los africanos de que pueden aspirar a ella. Por supuesto, este organismo no se olvida de los pueblos africanos, pues percibe que la ciudadanía africana acelerará su desarrollo e integración.

La educación juega un papel clave en la construcción de esta ciudadanía africana. Se parte de la premisa de que los sistemas educativos tienen que reforzar la identidad y la moral africana, especialmente en el caso de aquellas personas pertenecientes a las diásporas. Además, hay otro aspecto muy llamativo en sus políticas: la Unión Africana quiere que todas las personas se sientan orgullosas de ser africanas. Esto persigue reivindicar su papel a nivel mundial. Sin embargo, el foco principal de este organismo es su propio continente y, en particular, afrontar los desafíos que merman el bienestar de sus ciudadanos, tales como la violencia hacia la mujer, la salud afectivo-sexual y el cambio climático. En esta lucha, la educación superior y la digitalización se presentan como actores fundamentales para lograr dichos cambios. Por esa razón, en 2019 se fundó la *Pan African Virtual and e-University*.

En resumen, la ciudadanía global no parece ser un tema prioritario para la Unión Africana, dado que sus acciones se orientan a mejorar su propio continente. En cierta manera, parece razonable pensar que para ayudar a los demás, primero debes estar tú bien. Tiempo al tiempo.

ASEAN: la comunitaria

La Asociación de Naciones del Sudeste Asiático (ASEAN) es otro organismo continental que desde 1967 lleva a cabo acciones políticas diversas (economía, migración, educación…) en ese territorio geográfico. Actualmente, está conformada por 10 países (Brunei, Camboya, Indonesia, Lao, Malasia, Myanmar, Filipinas, Singapur, Tailandia y Vietnam).

La *ciudadanía,* y mucho menos la global, no se encuentra en la agenda política de este organismo. Sin embargo, esto no siempre ha sido así. Años atrás, la ASEAN incorporó la ciudadanía global como una de sus líneas de acción prioritarias en el ámbito de la educación entre 2016 y 2020. En esas acciones prioritarias sugirió promover los valores de la ASEAN como la paz, los derechos humanos, el respeto hacia otras culturas… y los relacionó de forma estrecha con la idea de fomentar la ciudadanía global. Otra estrategia sugerida fue reforzar la formación del profesorado, que debía desarrollar competencias adecuadas para el siglo XXI. Por lo tanto, no solo mencionaba la idea de formar estudiantes globales, sino también docentes.

Pero en este nuevo periodo se ha omitido cualquier referencia a la ciudadanía global en el *ASEAN Work Plan on Education 2021-2025*. En su lugar, este organismo ha decidido apostar por construir un fuerte sentimiento de pertenencia a la comunidad ASEAN, sugiriendo tres vías:

- *La económica*: algo que recuerda a los orígenes de la Unión Europea a través de la Comunidad Económica del Carbón y del Acero, donde se partía de la idea de que, en tiempos de bonanza económica, no había lugar para el conflicto.
- *La digital*: cree firmemente que la alfabetización digital supone una excelente oportunidad para que, tanto los consumidores (aquí se refleja

también la vía económica) como los ciudadanos ASEAN (*ASEAN citizens*), avancen hacia una sociedad más inclusiva.

- *La educativa*: que permite fomentar los valores asiáticos y desarrollar la identidad ASEAN.

Esta orientación no es menor, pues refuerza un discurso de *nosotros* (ASEAN *people*) frente a *ellos* (el resto del mundo), lo que divide y fragmenta más el mundo. Esto, sumado a que el discurso y las políticas de este organismo sobre la ciudadanía global son ambiguos e informales, refleja cómo la ASEAN parece haber abandonado la idea de alcanzar una ciudadanía global, en favor de una ASEAN *Community*.

A pesar de ello, encontramos algunos puntos en común con la ciudadanía global. Por un lado, afirma que las universidades han de contribuir a alcanzar el ODS4 de la Agenda 2030. Por otro, reconoce que los derechos humanos son la base de la ciudadanía global. Quizás por ese motivo ha reforzado en los últimos años sus políticas contra la explotación infantil y la violencia de género. Finalmente, aboga por formar personas comprometidas con el medioambiente y el desarrollo sostenible.

CONCLUSIONES

Tras presentar el posicionamiento de cada uno de estos organismos supranacionales e internacionales respecto a la ciudadanía global, es el momento de exponer algunas breves conclusiones que ayuden a aterrizar lo escrito en las páginas anteriores y extraer las principales ideas.

Encontramos posturas dispares entre ellos respecto al significado y políticas educativas acometidas en torno a la ciudadanía global. Un grupo trata de reivindicar su identidad continental dejando de lado el enfoque global. Aquí podríamos entender que ese paso intermedio de construir una ciudadanía continental es necesario para imaginar una ciudadanía global como horizonte. El enfoque desde el que se desarrolla esta ciudadanía también es dispar. Mientras algunos tienen un enfoque principalmente capitalista (el Banco Mundial), otros defienden una mirada más humanista y emancipadora (la UNESCO). La siguiente matriz que hemos construido visibiliza la ubicación de cada organismo en la consideración de estos dos factores: el *interés* y la *mentalidad global* (Figura 2.1):

Los dos grandes impulsores de este concepto son la UNESCO, con su *Ciudadanía Mundial*, y la OCDE con su *Ciudadanía Global*, de manera que otros organismos (Unión Europea y OEI) se limitan a seguir los modelos planteados por estos. No obstante, es importante señalar que en este capítulo solo se han presentado ocho organismos, pero sería de interés conocer cómo lo abordan otros, como, por ejemplo, la CEPAL (Comisión Económica para América Latina y el Caribe).

Figura 2.1. *Matriz del interés y del enfoque de cada organismo en la ciudadanía global*

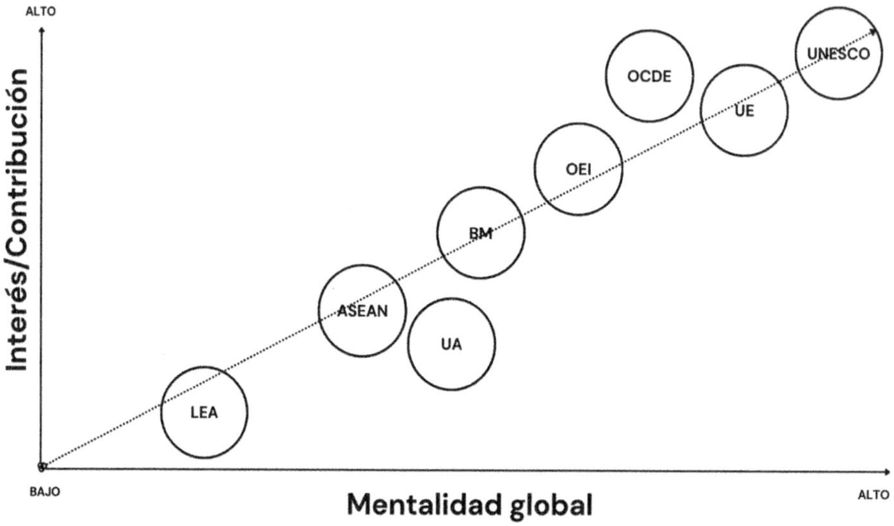

Fuente: elaboración propia.

En resumen, esta diversidad de miradas no hace más que enriquecer la educación y, por ende, la sociedad (Pérez de Cuéllar, 1997), como sostuvimos ya en la presentación. Estos organismos se hallan más presentes en nuestras vidas como docentes de lo que pensamos. Resulta esencial conocer sus enfoques para avanzar y mejorar la educación. Sin embargo, este capítulo no pretende impactar en las políticas nacionales, sino que invita a la reflexión del profesorado, que puede plantearse con qué modelo siente más afinidad y, quizás lo más importante de todo: cómo puede implementarlo en su aula. De hecho, cada docente, como intelectual que es, construirá su propio modelo de cómo debe abordarse la ciudadanía global en los sistemas educativos, aunque confiamos en que tras este capítulo tenga en consideración las contribuciones en el ámbito internacional y supranacional..

SÍNTESIS

Recapitulamos las principales ideas de este análisis comparativo
y la relevancia de los organismos internacionales en las
agendas educativas nacionales.

RELEVANCIA DE LOS ORGANISMOS INTERNACIONALES

¿POR QUÉ?

- Influyen en las agendas educativas nacionales

¿CÓMO?

- Mediante informes, recomendaciones, sugerencias, imposiciones…

ALGUNOS EJEMPLOS

OCDE

- Ciudadanía global y sus cuatro dimensiones
- PISA

BANCO MUNDIAL

- Apoyo financiero
- Ciudadanía comprometida

OEI

- Consciencia global
- Proyectos en Iberoamérica

UNESCO

- Ciudadanía mundial
- Agenda 2030 y ODS
- Emancipación y diversidad

UNIÓN EUROPEA

- Ciudadanía europa como medio para una ciudadanía global
- Agenda 2030 y ODS
- Educación para la Ciudadanía Global como responsabilidad colectiva

LEA

- La seguridad nacional antes que la ciudadanía global

UNIÓN AFRICANA

- Ciudadanía africana
- Pan-África

ASEAN

- Identidad y valores asiáticos
- Comunidad ASEAN

CONCLUSIONES

POSTURAS DISPARES

- Identidad continental *vs.* ciudadanía global
- Capitalismo *vs.* humanismo

DOCENTES

- Crear su propio marco sobre la ciudadanía global para repensar como desarrollarla en el aula

3

De la teoría a la práctica: construyendo una ciudadanía global en la escuela

Patricia Revuelta Mediavilla
Cristina Fernández-Aragón

La educación es el arma más poderosa que puedes usar para cambiar el mundo.

NELSON MANDELA

INTRODUCCIÓN

Vivimos en un mundo complejo e interconectado, donde los desafíos mundiales trascienden las fronteras locales y requieren respuestas colectivas. Problemas como el cambio climático, la desigualdad social, la migración y el avance tecnológico acelerado afectan a todas las sociedades y demandan una ciudadanía capaz de comprender y actuar en un contexto global. En este escenario, ya no basta con centrarse en las realidades nacionales o inmediatas; es fundamental adoptar una perspectiva más amplia que considere las interdependencias económicas, sociales y ambientales entre países y regiones.

En este paradigma cambiante, la comprensión de los fenómenos globales, la adaptabilidad, la empatía y la capacidad de respuesta ante los desafíos emergen como habilidades clave para los individuos y las sociedades (OCDE, 2018). Los ciudadanos del siglo XXI no solo deben poseer conocimientos, sino también desarrollar competencias que les permitan analizar situaciones desde múltiples perspectivas, trabajar en equipos diversos, tomar decisiones informadas y contribuir activamente a la construcción de un mundo más justo y sostenible.

La educación debe aspirar a formar ciudadanos globales que comprendan y sepan desenvolverse en este mundo. Ya no puede consistir en la mera transmisión de información, sino que tiene que garantizar que todos los niños y jóvenes desarrollen herramientas que les permitan construir vidas plenas y contribuir a sociedades más justas, inclusivas y sostenibles.

Este enfoque se encuentra alineado con la Meta 4.7 del Objetivo de Desarrollo Sostenible 4 (ODS 4), que establece la necesidad de asegurar que todos los estudiantes adquieran los conocimientos y habilidades necesarias para promover el desarrollo sostenible. Esto incluye la educación para la sostenibilidad, los derechos humanos, la igualdad de género, la cultura de paz y no violencia, la ciudadanía mundial y la valoración de la diversidad cultural (ONU, s.f.). Además, la Meta 4.7 resulta esencial para alcanzar otros objetivos de la Agenda 2030, como la erradicación de la pobreza, la acción climática, la promoción de la paz y la justicia, y la reducción de las desigualdades (UNESCO, 2015). Así, la educación aspira a convertirse en un pilar fundamental para transformar la realidad global, preparando a las nuevas generaciones para afrontar los desafíos del presente y del futuro con una mirada crítica, ética y comprometida con el bienestar colectivo.

Además de las iniciativas de la ONU y la UNESCO, otros organismos internacionales también ofrecen orientaciones para promover esta ciudadanía global a través de las políticas educativas. La Organización para la Cooperación y el Desarrollo Económico (OCDE) ha contribuido significativamente al proponer una nueva perspectiva sobre la definición y evaluación de los conocimientos, habilidades, actitudes y valores necesarios para ser ciudadano global. Este enfoque se denomina *competencia global* y se define a través de la interrelación de cuatro dimensiones (véase Figura 3.1), como "la capacidad de analizar asuntos globales e interculturales, valorar diversas perspectivas con respeto a los derechos humanos, interactuar con personas de diferentes culturas y tomar medidas en pro del bien común y el desarrollo sostenible" (OCDE, 2018, p. 4). A este respecto, debemos señalar que esta no es una propuesta meramente teórica, sino que se ha incorporado al currículo educativo de algunos países, siendo uno de ellos el español (Neubauer y Fernández-Aragón, 2025).

Como hemos visto en el capítulo anterior, la educación para la ciudadanía global también ha cobrado relevancia en iniciativas continentales y supranacionales como las de la Unión Europea y América Latina, por mencionar algunos ejemplos. En el caso de la Unión Europea, se ha actualizado el marco de competencias para el aprendizaje permanente, incorporando la *competencia ciudadana* como una de las competencias clave recogidas en la *Recomendación del Consejo de la Unión Europea del 22 de mayo de 2018* (DO, C189/1, 2018). Esta competencia se define como "la capacidad de actuar como ciudadanos responsables y participar plenamente en la vida cívica y social, basada en la comprensión de conceptos y estructuras sociales, económicas, legales y políticas, así como en los desarrollos globales y la sostenibilidad" (p. 11). Además, la Unión Europea ha impulsado el *Espacio Europeo de Educación 2025*, iniciativa destinada a fortalecer sistemas educativos inclusivos y de calidad que preparen a los estudiantes para los desafíos globales actuales.

Figura 3.1. *Dimensiones de la competencia global ciudadana de acuerdo con el marco de la OCDE (2018)*

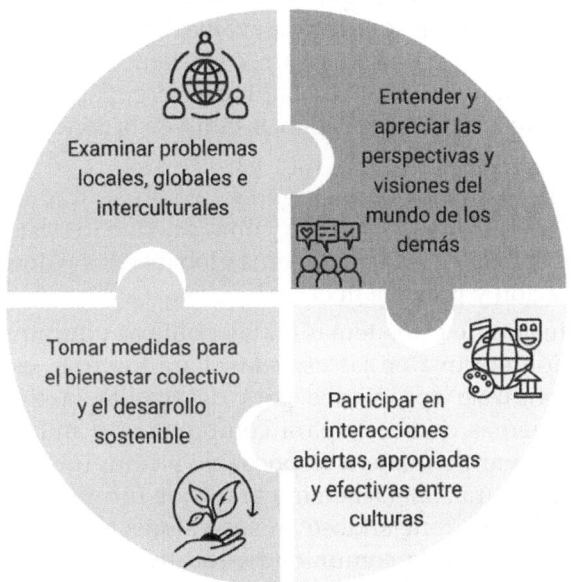

Fuente: elaboración propia.

En América Latina y el Caribe, la *Red Regional de Educación para la Ciudadanía Mundial*, que promueve oportunidades de aprendizaje y educación de calidad permanente, ha resaltado la importancia de una educación crítica y transformadora que responda a las profundas desigualdades de la región. Se busca que la ciudadanía global o mundial se conciba como herramienta para cuestionar la globalización impuesta y fomentar un diálogo intercultural genuino. Para lograrlo, es necesario replantear el modelo escolar tradicional, históricamente utilizado como mecanismo de selección y exclusión, y avanzar hacia una educación inclusiva, contextualizada y de calidad. Desde esta Red se recomienda no solo añadir contenidos, sino transformar los currículos existentes para desarrollar en los estudiantes capacidades que les permitan comprender y subvertir las estructuras de exclusión. Esto implica fomentar valores, habilidades éticas y competencias que los habiliten como agentes de cambio en la construcción de una convivencia más justa y sostenible (UNESCO, 2018).

CONEXIÓN ENTRE LAS POLÍTICAS EDUCATIVAS PARA LA CIUDADANÍA GLOBAL Y LA PRÁCTICA ESCOLAR

Para evaluar la integración de estos principios en los sistemas educativos, la Meta 4.7 del ODS 4 establece un primer indicador, 4.7.1, que mide el grado en que la educación para la ciudadanía global y la educación para el desarrollo sostenible están presentes en las políticas nacionales de educación, los currículos, la formación del profesorado y la evaluación del alumnado (UNESCO, 2015). Este indicador refleja un compromiso creciente con una visión de la educación ciudadana que va más allá de la preparación para la vida democrática dentro de los Estados nación, para abarcar también la conciencia y responsabilidad global de los individuos.

La cuestión fundamental que surge es: ¿cómo se traducen estos principios en la práctica educativa? Es decir, ¿cómo pueden los sistemas educativos incorporar la educación para la ciudadanía global en los planes de estudio, así como en la formación y práctica docente?

La mera inclusión de estos temas en las políticas educativas no garantiza su implementación efectiva en las escuelas. Para lograrlo, es necesario crear espacios de aprendizaje apropiados para desarrollar la ciudadanía global. Estos espacios, además de servir para comprender el mundo, deben servir para aprender a actuar de manera responsable y comprometida con su transformación (Véase Figura 3.2). Deben integrarse de forma natural en la cultura del aula y de la escuela, reflejándose en sus valores, expectativas, interacciones, lenguaje y cultura de la comunidad educativa. De este modo, la ciudadanía global no se concibe como un contenido aislado, sino como un enfoque transversal que impregna la vida escolar y orienta la formación de los estudiantes hacia una participación activa en la sociedad (OCDE, 2018).

Figura 3.2. *Posibilidades que deben ofrecer los espacios de aprendizaje para el desarrollo de la competencia global, según las orientaciones de la OCDE (2018)*

ESPACIOS DE APRENDIZAJE

QUE INVITEN AL ALUMNADO A...

| Entender el mundo más allá de sus entornos inmediatos | Interactuar con los demás, respetando sus derechos y dignidad | Actuar en la conformación de comunidades sostenibles y prósperas |

Fuente: elaboración propia.

En este sentido, la enseñanza para la ciudadanía global conlleva adoptar nuevos enfoques tanto en el plan de estudios como en la cultura del aula. Respecto al plan de estudios, no se trata de añadir más temas, sino de replantear o ampliar los contenidos existentes a través de conexiones globales significativas. Por ejemplo, al enseñar sobre un ecosistema local, podemos relacionar el contenido con cómo funcionan ecosistemas similares en otras partes del mundo (Boix-Mansilla, 2016).

El desarrollo de esta competencia global también requiere la creación de un ambiente de aula donde las capacidades y habilidades asociadas a ella formen parte de la experiencia diaria de aprendizaje. Esto significa que dichas capacidades se fomenten de manera continua, incluso cuando los contenidos abordados no estén directamente relacionados con temáticas mundiales. Por ejemplo, aprender a investigar sobre cualquier tema, reconocer diversas perspectivas dentro de la clase, practicar múltiples formas de comunicar una idea o encontrar soluciones a un problema dado.

Además, el desarrollo de la ciudadanía global es un proceso de aprendizaje continuo que comienza en la infancia y se extiende a lo largo de toda la vida (OCDE, 2018). Es fundamental comprender que los estudiantes no deben esperar a ser adultos para involucrarse en los desafíos globales. Desde la infancia, pueden y deben explorar problemáticas del mundo actual y contribuir a la búsqueda de soluciones. Este aprendizaje se fortalece a través del análisis y la resolución de problemas progresivamente más complejos, que abarcan tanto la realidad local como las conexiones globales e interculturales. Estos elementos están interconectados y se refuerzan mutuamente, formando una visión amplia y comprometida con el entorno. Más que una simple acumulación de información, desarrollar un sentido de ciudadanía global implica integrar estos conocimientos, valores y habilidades en un marco de inclusión y respeto por la diversidad. De este modo, las personas pueden comprender la interdependencia entre sociedades y contribuir activamente a la construcción de un mundo más justo y sostenible (Boix-Mansilla y Schleicher, 2022).

DISEÑO DE ESPACIOS DE APRENDIZAJE PARA EL DESARROLLO DE LA CIUDADANÍA GLOBAL EN LA ESCUELA

Para que la ciudadanía global sea una realidad en la escuela, es imprescindible que los estudiantes no solo adquieran conocimientos sobre cuestiones globales, sino que también desarrollen competencias, valores y actitudes que los preparen para actuar de manera crítica y comprometida en la sociedad. Esto requiere una planificación cuidadosa que contemple la selección de temas significativos para un aprendizaje en contexto, articulado a través del uso de metodologías activas que promuevan el aprendizaje competencial y la implementación de estrategias de evaluación que favorezcan un aprendizaje profundo y transformador. Es esencial que los docentes reflexionen sobre qué aprendizajes perdurarán en el tiempo y cuál será el impacto de las experiencias educativas en la formación del alumnado. La formación del profesorado en esta materia es una cuestión de extrema importancia.

Selección de temas para el desarrollo contextualizado de la ciudadanía global

La selección de temas es clave para promover los aprendizajes implicados en la promoción de las capacidades y habilidades para una ciudadanía global. Estos temas sirven como contextos que sitúan el proceso de enseñanza en escenarios reales y significativos para los estudiantes, vinculando los contenidos con situaciones concretas de su vida cotidiana, su entorno social o el mundo laboral. Este enfoque de aprendizaje contextualizado promueve la adquisición de competencias porque no se limita a la transmisión de conocimientos teóricos, sino que impulsa el desarrollo de habilidades prácticas, pensamiento crítico y capacidad de resolución de problemas. Al aplicar lo aprendido en contextos auténticos, los estudiantes no solo comprenden mejor los conceptos, sino que también desarrollan competencias esenciales como la comunicación, la colaboración, la toma de decisiones y la adaptación a nuevas situaciones. Esto permite a los estudiantes desarrollar una comprensión profunda y crítica del mundo en el que viven. La Figura 3.3 sintetiza los elementos esenciales.

Figura 3.3. *Elementos esenciales para el diseño de espacios de aprendizaje*

Fuente: elaboración propia.

Según Boix-Mansilla y Jackson (2022), estos temas deben abordar problemáticas relevantes tanto a nivel local como global, para conectar las experiencias cotidianas del alumnado con desafíos de alcance internacional. Esta conexión no solo ayuda a generar un compromiso más significativo con el aprendizaje, sino que también les permite comprender la aplicabilidad de los contenidos en su propia realidad. Para lograrlo, es importante seleccionar cuestiones que reflejen claramente la interdependencia entre lo local y lo global. Fenómenos como la migración, el cambio climático o la justicia social tienen manifestaciones concretas en las comunidades locales, pero su comprensión requiere un análisis enmarcado en las dinámicas globales. Abordar estos temas desde una perspectiva amplia permite que los estudiantes comprendan las relaciones de causa y efecto entre diferentes contextos y desarrollen una conciencia global crítica.

Además, siguiendo a estos autores, los temas deben poseer una significación global, es decir, deben abordar cuestiones que trascienden fronteras y afectan a la humanidad en su conjunto. Asuntos como la seguridad alimentaria, el acceso equitativo a la educación o la conservación del patrimonio natural y cultural, son ejemplos de problemáticas con implicaciones universales. La selección de estos temas no solo proporciona conocimientos específicos, sino que también fomenta una sensibilidad ética y un sentido de responsabilidad hacia el mundo en el que vivimos.

Según la OCDE (2018), los estudiantes muestran mayor interés en un problema cuando se sienten conectados con él. Si perciben que la sociedad lo discute en los medios, la política o la comunidad, es más probable que apliquen lo aprendido fuera del aula. Para fortalecer esta conexión, es clave vincular los temas con su vida cotidiana y destacar su presencia en la sociedad y en los medios de comunicación.

Por último, los temas seleccionados deben permitir un enfoque tanto disciplinar como interdisciplinar. En el contexto educativo, esto implica que puedan ser abordados desde diversas materias, promoviendo un aprendizaje más profundo y conectado. Por ejemplo, el cambio climático puede estudiarse en Ciencias Naturales para comprender sus causas y efectos en los ecosistemas, en Geografía para analizar patrones climáticos y vulnerabilidades regionales, en Matemáticas para interpretar datos y modelar proyecciones, en Economía para evaluar su impacto en los sistemas productivos y en Ética para debatir la responsabilidad social y ambiental. Este enfoque interdisciplinar enriquece el aprendizaje y, además, prepara a los estudiantes para analizar y abordar problemas complejos con una perspectiva integral y crítica.

Los siguientes bloques temáticos que cumplen con estos criterios y resultan idóneos para el desarrollo de la ciudadanía global:

- *Migración y movilidad humana*, abordando sus causas, impactos y desafíos en el contexto global.

- *Sostenibilidad ambiental,* resaltando la interconexión entre el medioambiente, la economía y la sociedad, con especial énfasis en el cambio climático y sus implicaciones.
- *Desigualdad y justicia social,* explorando sus dimensiones económicas, políticas y culturales, así como estrategias para su reducción.
- *Diversidad cultural y relaciones interculturales,* fomentando el respeto, el diálogo y la reflexión sobre la propia identidad cultural.
- *Instituciones globales, conflictos y derechos humanos,* analizando los desequilibrios de poder, el papel de los organismos internacionales y los mecanismos para la resolución pacífica de conflictos.

Metodologías para la enseñanza de la ciudadanía global

Para diseñar espacios de aprendizaje que fomenten la ciudadanía global, además de la elección de los temas, el diseño de las metodologías de enseñanza juega también un papel fundamental. Las estrategias didácticas deben ir más allá de la transmisión de información y favorecer la participación activa de los estudiantes en el proceso de aprendizaje. Desde esta perspectiva, el aprendizaje no consiste simplemente en acumular datos, sino en aplicar los conocimientos a contextos diversos, muchos de ellos complejos y poco definidos (OCDE, 2018). En el centro de esta visión se encuentra la capacidad de los estudiantes para analizar problemas globales, adoptar perspectivas informadas, comunicarse de manera efectiva y construir relaciones, así como para pasar a la acción en su vida cotidiana. Deben ser metodologías que permitan poner en juego competencias en toda su complejidad, desde los saberes hasta las actitudes, desde los valores hasta las habilidades, desde la reflexión hacia la acción (Díaz González et al., 2022). Las metodologías deben ser activas y participativas, aquellas en las que los estudiantes se sienten parte del proceso y sus aportaciones son tenidas en cuenta, formándose a través de la práctica en la participación democrática. Blanchard y Muzás (2019) destacan la importancia del trabajo por proyectos de aprendizaje, especialmente en las primeras etapas educativas, para el desarrollo integral de competencias ciudadanas.

En este contexto, se encuentran diversas metodologías de enseñanza y aprendizaje, como el Aprendizaje Basado en Proyectos (ABP), el Aprendizaje-Servicio (ApS) o el Aprendizaje Basado en Retos, entre otras. Todas estas estrategias se diferencian de la enseñanza tradicional o directa porque:

- El conocimiento no es visto como algo que el docente simplemente transmite a los estudiantes, sino como el resultado de un proceso colaborativo en el que ambos participan activamente. A través de preguntas, búsqueda de información y análisis, los estudiantes construyen su propio aprendizaje.

- El estudiante no se limita a escuchar y recibir información, sino que se involucra en procesos cognitivos complejos. Esto incluye identificar problemas, recopilar y analizar datos, establecer relaciones lógicas, formular conclusiones y cuestionar sus propias ideas y creencias previas.
- El docente no solo presenta contenidos, sino que asume el rol de facilitador del aprendizaje. Su función principal es diseñar experiencias y situaciones que permitan a los estudiantes desarrollar proyectos y resolver problemas de manera autónoma y significativa.

A continuación, expondremos algunas de las metodologías más apropiadas para el desarrollo de la ciudadanía global.

Aprendizaje Basado en Proyectos (ABP)

El ABP es una metodología activa en la que los estudiantes investigan y resuelven problemas reales durante un período prolongado de tiempo. A diferencia de los enfoques tradicionales, en los que el aprendizaje se centra en la recepción pasiva de información, el ABP promueve la exploración, la indagación y la aplicación funcional del conocimiento (Montanero, 2019).

Los alumnos trabajan en torno a una interrogante inicial que plantea un desafío abierto y contextualizado, lo que les exige desarrollar competencias esenciales mediante la resolución de problemas. Vergara (2020) subraya que el ABP representa un cambio paradigmático hacia una educación más conectada con la realidad contemporánea. Este proceso combina actividades de discusión en grupo y aprendizaje individual, integrando técnicas cooperativas como el torbellino de ideas o los debates estructurados. Las preguntas son el detonante para el inicio de la actividad y permiten establecer las hipótesis que orientan el producto a desarrollar. El rol docente es clave para orientar este proceso y motivar al grupo.

Por su naturaleza, facilita el trabajo entre las distintas áreas, materias o ámbitos e incluso etapas. Igualmente, permite el trabajo con diferentes tipos de agrupaciones que pueden variar a lo largo del propio proyecto. Una característica fundamental del ABP es que el alumnado es parte activa de todo el proceso, encontrando líneas de investigación alternativas y proponiendo nuevos proyectos e ideas para desarrollar. Esto promueve la autonomía y la iniciativa de los estudiantes.

En el contexto de la educación para la ciudadanía global, el ABP resulta especialmente adecuado, ya que permite a los estudiantes abordar cuestiones locales y globales de manera interconectada, desarrollar habilidades interculturales y vincular su aprendizaje con problemas reales. Esta metodología fomenta la participación activa del alumnado en la búsqueda de soluciones para desafíos complejos, promoviendo un aprendizaje significativo y orientado a la acción. Podemos decir que el ABP permite desarrollar la competencia global gracias a estos elementos principales:

- *Aprendizaje basado en preguntas y problemas reales*: los proyectos se centran en cuestiones auténticas que desafían a los estudiantes a investigar, reflexionar y proponer soluciones.

- *Interdisciplinariedad*: los proyectos combinan conocimientos de distintas áreas, desde ciencias y humanidades hasta arte y tecnología, permitiendo una comprensión integral de los problemas.

- *Trabajo colaborativo*: los estudiantes trabajan en equipos, fomentando el diálogo intercultural y la cooperación para abordar desafíos globales desde diversas perspectivas.

- *Autonomía y agencia del estudiante*: el alumnado tiene un papel activo en la toma de decisiones sobre su aprendizaje, promoviendo su capacidad para actuar y generar cambios en su entorno.

- *Conexión con el mundo real*: se establecen vínculos con comunidades, organizaciones y expertos, facilitando una comprensión profunda de los problemas locales y globales y promoviendo la participación ciudadana.

- *Evaluación auténtica*: se prioriza la creación de productos finales significativos, como informes, vídeos, campañas de sensibilización o propuestas de intervención social, que demuestran el impacto del aprendizaje.

El ABP ofrece, por tanto, un marco ideal para desarrollar la competencia global en el aula, ya que permite a los estudiantes explorar conceptos relacionados con la competencia global y reflexionar sobre lo que estos implican a través de experiencias de aprendizaje significativas y relevantes para el mundo actual.

Aprendizaje-Servicio (ApS)

El ApS es una metodología que combina los procesos de aprendizaje con el compromiso social o los servicios a la comunidad. Como explica Uruñuela (2018), esta metodología permite que los estudiantes "aprendan mejorando el mundo". Los proyectos de ApS engloban objetivos para cubrir necesidades detectadas en un contexto local o global con los objetivos propios del aprendizaje (contenidos, actitudes, habilidades, etc.). De esta manera, los estudiantes se convierten en participantes activos del entorno, la sociedad o la comunidad, mejorando las relaciones, la empatía y el compromiso con otros compañeros o con otros elementos del medio en el que se desarrolla el proyecto. Esta metodología combina una mejor adquisición de conocimientos teóricos y de habilidades y competencias profesionales con un desarrollo de la capacidad para tomar conciencia de la realidad, entenderla, analizarla, saber intervenir en ella e, incluso, comprometerse a transformarla.

El ApS es una metodología idónea para el desarrollo de la ciudadanía global en la escuela, ya que no solo mejora el aprendizaje académico, sino que también fortalece el compromiso social del alumnado. Al proporcionar experiencias reales de participación y cambio social, el ApS forma ciudadanos críticos, reflexivos y con mayor capacidad para incidir en su entorno, contribuyendo así a la construcción de sociedades más justas y equitativas. El ApS, por lo tanto, permite el desarrollo de la competencia global ciudadana a través de los siguientes elementos principales:

- *Vinculación con el currículo*: no consiste en un mero voluntariado; los proyectos están ligados a los aprendizajes escolares.
- *Protagonismo estudiantil*: los estudiantes participan activamente en la planificación, ejecución y evaluación del proyecto.
- *Impacto en la comunidad*: los proyectos responden a necesidades reales, fortaleciendo el sentido de compromiso social.
- *Reflexión crítica*: se promueve la conciencia sobre problemas sociales y globales, ayudando a los estudiantes a analizar su papel en la sociedad.
- *Trabajo colaborativo*: se fomenta el diálogo intercultural, la cooperación y el respeto por la diversidad.
- *Evaluación integral*: no solo se mide el aprendizaje académico, sino también el impacto del servicio y el crecimiento personal del estudiante.

Escenarios futuros

El enfoque de escenarios futuros en la educación para la ciudadanía global consiste en invitar a los estudiantes a imaginar, analizar y reflexionar sobre posibles futuros en función de tendencias actuales y decisiones presentes. Este enfoque promueve el pensamiento crítico y la toma de conciencia sobre cómo las acciones individuales y colectivas pueden influir en el desarrollo social, político, económico y ambiental del mundo. Además, mediante este ejercicio de anticipación y creatividad, se ayuda a los estudiantes a visualizar diferentes posibilidades para la sociedad y a desarrollar habilidades para la resolución de problemas, la colaboración y la toma de decisiones informadas (Díaz González et al., 2022).

Esta idea de los escenarios futuros se relaciona estrechamente con el concepto de "ecotopía", que combina "ecología" y "utopía" para imaginar sociedades futuras sostenibles y justas. La ecotopía no es solo una visión idealizada del futuro, sino una herramienta pedagógica que permite a los estudiantes proyectar y diseñar mundos posibles donde la sostenibilidad ambiental, la equidad social y la cooperación global sean principios fundamentales (Delorme, 2023).

Desde una perspectiva educativa, este enfoque tiene gran valor pedagógico, ya que ayuda a los estudiantes a visualizar *futuros alternativos deseables* y los motiva a involucrarse activamente en su construcción. A diferencia de discursos catastrofistas sobre el futuro, que pueden generar ansiedad ambiental y sentimientos de impotencia en niños y jóvenes, imaginar escenarios positivos y alcanzables refuerza la idea de que las acciones individuales y colectivas tienen un impacto real. Así, en lugar de paralizarse ante los desafíos globales, el alumnado puede desarrollar una actitud proactiva y esperanzadora.

En la práctica, trabajar con la ecotopía en el aula implica actividades como la creación de narrativas futuristas, el diseño de comunidades sostenibles, el análisis de políticas ecológicas viables o la exploración de innovaciones tecnológicas y sociales para un mundo más justo. Estas experiencias no solo desarrollan el pensamiento crítico y la creatividad, sino que también empoderan al alumnado como *agentes de cambio*, mostrándoles que otro futuro es posible y que su participación es clave para lograrlo.

Otras metodologías y estrategias didácticas complementarias

Además de las metodologías principales, existen enfoques complementarios que pueden integrarse para enriquecer el aprendizaje, adaptándolo a diferentes contextos y necesidades educativas:

- *Aprendizaje cooperativo*: metodología que fomenta el trabajo en equipo a través de la formación de grupos heterogéneos, en los cuales los estudiantes colaboran de manera coordinada para resolver tareas y profundizar en su aprendizaje. En otras palabras, los estudiantes trabajan de forma conjunta para alcanzar objetivos comunes, de modo que el éxito individual está intrínsecamente vinculado al éxito colectivo del grupo. Esta estrategia didáctica no solo facilita la adquisición de conocimientos, sino que también mejora la actitud, la motivación y la implicación del alumnado. Además, contribuye a crear un ambiente positivo basado en la cooperación, el respeto mutuo y la responsabilidad compartida, fortaleciendo tanto las habilidades académicas como las sociales.

- *Aprendizaje dialógico*: se centra en el papel de la argumentación y el debate en la formación de ciudadanos globales. Las capacidades y habilidades de un ciudadano global incluyen la habilidad de construir argumentos basados en evidencias. Una forma efectiva de fomentar esta capacidad es a través de debates en el aula sobre temas controvertidos, en los que los estudiantes deban defender una postura específica. Esto no solo mejora su alfabetización mediática, pensamiento crítico y habilidades comunicativas, sino que también promueve el respeto por las opiniones y creencias de los demás.

- *Simulación y role-playing*: estrategias enfocadas en la representación de situaciones reales para comprender problemáticas globales desde diferentes perspectivas. Esta estrategia ofrece múltiples beneficios para el alumnado: fortalece sus habilidades comunicativas al fomentar la interacción y el intercambio de ideas; contribuye al desarrollo de la empatía, ya que en muchas ocasiones implica asumir perspectivas diferentes y comprender realidades ajenas. Cuando se aplica a desafíos globales como el cambio climático, la vulneración de derechos humanos o la igualdad de género, su impacto puede ser aún más significativo, pues permite que los estudiantes reflexionen sobre problemáticas actuales desde un enfoque crítico y comprometido.

- *Aprendizaje virtual e híbrido*: en un entorno cada vez más digitalizado, la competencia digital es esencial para la formación de ciudadanos globales, permitiéndoles acceder, gestionar y evaluar información de manera crítica. Sin embargo, el aprendizaje no puede reducirse únicamente a lo digital; es igualmente importante que el alumnado desarrolle habilidades en contextos físicos y analógicos. Equilibrar ambas dimensiones en el aula, tanto en el diseño, desarrollo y evaluación de actividades como en la búsqueda y gestión de información, garantiza un aprendizaje más integral. Esta complementariedad no solo fortalece su capacidad de adaptación, sino que también enriquece su pensamiento crítico y su comprensión del mundo en toda su diversidad de medios y experiencias.

La evaluación de la competencia global ciudadana

En la educación para la ciudadanía global, la evaluación del aprendizaje debe concebirse como un *proceso continuo* que permita valorar el desarrollo de la competencia global en el alumnado. Para ello, el profesorado debe supervisar y apoyar su aprendizaje a lo largo del tiempo y también ofrecer una *retroalimentación de calidad*. Es esencial que la evaluación se enfoque en el aprendizaje competencial, centrada en determinar en qué medida los estudiantes han desarrollado las capacidades o habilidades necesarias para enfrentar situaciones y desafíos en diferentes contextos. Estas competencias pueden incluir habilidades cognitivas, socioemocionales y prácticas que se aplican de manera interdisciplinaria en diversas áreas del currículo. A diferencia de la evaluación tradicional, que se enfoca en el conocimiento y la memorización de contenidos, la evaluación competencial busca cuantificar el dominio y la capacidad del estudiante para aplicar esos conocimientos en la resolución de problemas en situaciones reales.

Según las recomendaciones de Boix-Mansilla y Jackson (2022), la retroalimentación no solo contribuye a mejorar el aprendizaje, sino que también crea un ambiente en el que el diálogo abierto sobre el conocimiento, el mundo y el desarrollo de la competencia global se convierte en parte esencial del aula. Esta retroalimentación puede provenir de diversas fuentes, como compañeros y compañeras de clase, docentes, miembros de la comunidad e incluso expertos invitados, en función del enfoque del aprendizaje. También la autoevaluación permite a los estudiantes reflexionar sobre su propio progreso, fortaleciendo su autonomía y responsabilidad en el proceso educativo.

Con respecto a los instrumentos de evaluación para la competencia global de manera integral, es fundamental utilizar una combinación de herramientas que permitan medir conocimientos, habilidades, actitudes y la capacidad de acción de los estudiantes. Los *cuestionarios y rúbricas* pueden ayudar a evaluar tanto el nivel de comprensión sobre temas globales como la autoevaluación de actitudes y valores. Además, los *diarios reflexivos* y los *porfolios* ofrecen una visión longitudinal del desarrollo personal y el proceso de aprendizaje de cada estudiante. Los diarios de aprendizaje pueden fomentar la reflexión crítica sobre temas globales, valores interculturales y dilemas éticos, ayudando a los estudiantes a analizar sus creencias y aprendizajes en torno a problemáticas como el cambio climático, los derechos humanos o la equidad de género. Los porfolios, por su parte, documentan el desarrollo de competencias globales a través de proyectos, trabajos colaborativos y experiencias de resolución de problemas, evidenciando el impacto del aprendizaje en su visión del mundo.

En las etapas de escolarización temprana, la evaluación de la competencia global debe centrarse en la observación cualitativa y el aprendizaje experiencial, permitiendo a niños y niñas explorar y expresar sus emociones en contextos significativos. Un método clave es la *observación estructurada*, en el que los docentes registran cómo los niños interactúan con sus pares, expresan curiosidad por otras culturas o responden a los contenidos de cuentos e imágenes sobre diversidad o inclusión. Las *carpetas de aprendizaje* también resultan útiles, ya que recopilan dibujos, fotos de actividades y producciones creativas que reflejan su comprensión de valores como el respeto mutuo o el cuidado del medioambiente. Asimismo, el *juego de roles* y *la dramatización* permiten evaluar su capacidad de empatía y resolución de conflictos mediante la representación de situaciones cotidianas o el uso de títeres y personajes. La lectura de *cuentos* y *los diálogos guiados* facilitan la exploración de temas ciudadanos a través de preguntas abiertas como "¿Cómo crees que se siente este personaje?" o "¿Qué podríamos hacer para ayudar en esta situación?". Además, las *actividades de cooperación* y *aprendizaje vivencial*, como el cuidado de un huerto o la organización de una campaña de reciclaje, ayudan a identificar actitudes solidarias y colaborativas en la práctica. También es importante incluir herramientas de *autoevaluación* y *expresión emocional* adaptadas a la edad, como el uso de imágenes de caras felices o tristes para que los niños expresen sus emociones y reflexionen sobre sus acciones. En esta etapa, la evaluación debe ser *formativa* y *narrativa*, basada en diarios de observación y registros descriptivos que documenten el progreso de cada niño en su capacidad de relacionarse con los demás, comprender su entorno y actuar con empatía y responsabilidad, sentando así las bases para un desarrollo ciudadano integral en etapas posteriores.

CONCLUSIONES

En un mundo en constante cambio, donde la globalización y el desarrollo tecnológico redefinen nuestras sociedades, es esencial formar individuos con pensamiento crítico, conciencia social y capacidad de actuar con responsabilidad. En este sentido, la educación para la ciudadanía global no debe considerarse un complemento, sino un pilar clave en la preparación de los estudiantes para los retos del siglo XXI.

A lo largo de este capítulo, hemos explorado cómo la ciudadanía global debe integrarse en la educación, a través de la creación de espacios de aprendizaje que fomenten el desarrollo del pensamiento crítico, la colaboración y la acción. No se trata únicamente de adquirir conocimientos sobre problemáticas globales, sino de desarrollar competencias que permitan a los estudiantes analizar la realidad desde diversas perspectivas, tomar decisiones informadas y contribuir a la construcción de sociedades más justas y sostenibles.

El análisis de los marcos internacionales y las políticas educativas ha demostrado que la competencia global no es solo un ideal, sino una necesidad respaldada por organismos como la ONU, la UNESCO o la OCDE. Sin embargo, la verdadera transformación ocurre en las aulas, donde docentes y estudiantes dan vida a estos principios. Para ello, es fundamental que la ciudadanía global se trabaje de manera transversal, conectando lo local con lo global y desarrollando una perspectiva crítica sobre los desafíos contemporáneos.

Las metodologías activas, como el ABP, el ApS, el enfoque de los escenarios futuros deseables o el aprendizaje cooperativo, permiten que el alumnado no solo adquiera conocimientos, sino que desarrolle competencias para la acción. Estas metodologías y estrategias didácticas fomentan el análisis de problemas reales, la participación en la comunidad y la capacidad de imaginar futuros posibles, lo que refuerza su papel como agentes de cambio. Además, ayudan a contrarrestar la ansiedad ambiental y el pesimismo, ofreciendo una visión propositiva y esperanzadora del futuro.

La evaluación también juega un papel clave en este proceso. Además de la adquisición de conocimientos, debe contemplar el desarrollo de capacidades, habilidades, valores y actitudes que reflejen una comprensión profunda de la interdependencia global. La inclusión de herramientas de evaluación auténtica, como proyectos, debates y análisis de casos, permite ajustar los procesos educativos, garantizando que el aprendizaje sea significativo y aplicable a la realidad.

Educar para la ciudadanía global implica repensar la escuela como un espacio donde los estudiantes no solo aprenden sobre el mundo, sino que se preparan para transformarlo. Este enfoque no se limita a abordar los desafíos actuales, sino que también sienta las bases para sociedades más justas, sostenibles e inclusivas. La responsabilidad recae en toda la comunidad educativa: docentes, estudiantes y familias deben trabajar juntos para construir un aprendizaje que trascienda el aula y tenga un impacto real en el mundo.

SÍNTESIS

Elementos fundamentales analizados para el diseño efectivo de espacios educativos que promuevan el desarrollo de la ciudadanía global.

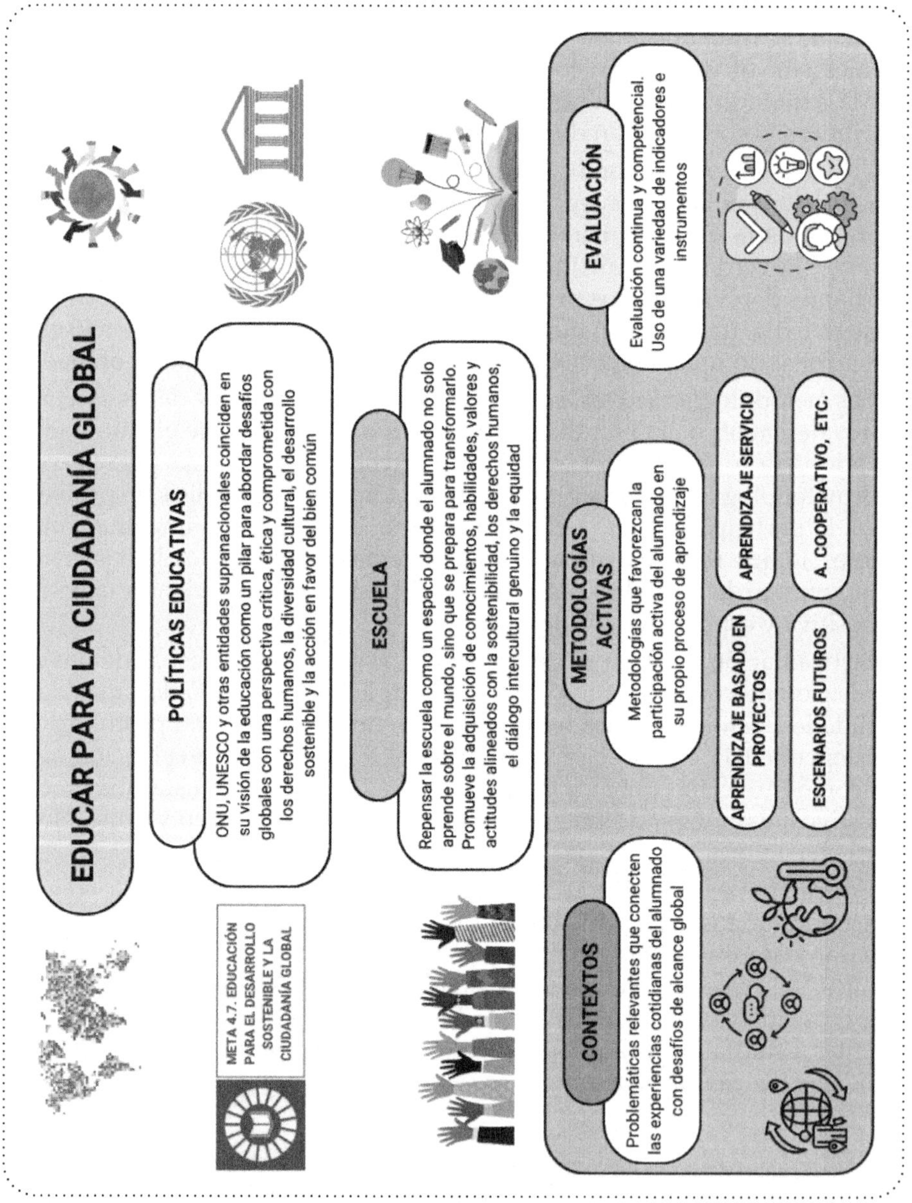

EDUCAR PARA LA CIUDADANÍA GLOBAL

POLÍTICAS EDUCATIVAS

ONU, UNESCO y otras entidades supranacionales coinciden en su visión de la educación como un pilar para abordar desafíos globales con una perspectiva crítica, ética y comprometida con los derechos humanos, la diversidad cultural, el desarrollo sostenible y la acción en favor del bien común

META 4.7. EDUCACIÓN PARA EL DESARROLLO SOSTENIBLE Y LA CIUDADANÍA GLOBAL

ESCUELA

Repensar la escuela como un espacio donde el alumnado no solo aprende sobre el mundo, sino que se prepara para transformarlo. Promueve la adquisición de conocimientos, habilidades, valores y actitudes alineados con la sostenibilidad, los derechos humanos, el diálogo intercultural genuino y la equidad

CONTEXTOS

Problemáticas relevantes que conecten las experiencias cotidianas del alumnado con desafíos de alcance global

METODOLOGÍAS ACTIVAS

Metodologías que favorezcan la participación activa del alumnado en su propio proceso de aprendizaje

APRENDIZAJE BASADO EN PROYECTOS

APRENDIZAJE SERVICIO

ESCENARIOS FUTUROS

A. COOPERATIVO, ETC.

EVALUACIÓN

Evaluación continua y competencial. Uso de una variedad de indicadores e instrumentos

PARTE II

PONIENDO EN PRÁCTICA LAS BASES

Presentación

Como hemos visto, la educación en un mundo globalizado requiere nuevas estrategias didácticas que permitan a los estudiantes desarrollar las habilidades necesarias para comprender y afrontar los desafíos contemporáneos. En este contexto, los capítulos prácticos que se presentan a continuación han sido diseñados desde el enfoque del *aprendizaje situado,* una perspectiva que promueve la adquisición de conocimientos y competencias a través de experiencias contextualizadas y significativas.

Cada propuesta contenida en estos capítulos se presenta como una *situación de aprendizaje,* un modelo que busca dinamizar el proceso de enseñanza-aprendizaje mediante la conexión con problemáticas reales y cercanas a los estudiantes. Estas situaciones de aprendizaje siguen una estructura que incluye el contexto de la propuesta, el propósito de aprendizaje, la tarea o producto final, las metodologías y estrategias didácticas utilizadas, el desarrollo por etapas de la propuesta, la evaluación y los recursos necesarios para llevar a cabo la experiencia educativa. Este esquema favorece una implementación ordenada y efectiva, y permite a los docentes adaptar las actividades a las necesidades de su alumnado.

Las diferentes propuestas están dirigidas a distintas edades y niveles educativos, lo que permite abordar la competencia global de manera adaptable y contextualizada. A través de estas actividades, se busca no solo el desarrollo de conocimientos disciplinares, sino también la integración de múltiples dimensiones del aprendizaje, fomentando la reflexión crítica, la interacción intercultural y la acción responsable.

Además, estas propuestas han sido diseñadas con el objetivo de desarrollar las dimensiones de la competencia global, tal como han sido definidas en el marco de la OCDE (2018). Como se ha expuesto en los capítulos teóricos, la competencia global se basa en cuatro dimensiones fundamentales: la exploración de cuestiones de alcance global e intercultural, la comprensión y apreciación de diferentes perspectivas y visiones del mundo, la capacidad de comunicarse y colaborar con personas de diversas culturas y el compromiso con la acción responsable y el bienestar colectivo.

Asimismo, las orientaciones pedagógicas para la acción docente y los criterios de evaluación que acompañan cada situación de aprendizaje están alineados con las recomendaciones presentadas en el capítulo 3 de este manual. Esto garantiza una coherencia metodológica y facilita su integración en la práctica educativa, ofreciendo herramientas claras para guiar y valorar el proceso de aprendizaje del alumnado.

A través de las situaciones de aprendizaje presentadas, buscamos que los estudiantes no solo adquieran conocimientos y habilidades, sino que también desarrollen una mentalidad abierta y crítica ante los desafíos globales y un compromiso con la toma de acciones concretas. De esta manera, se pretende contribuir a la formación de una ciudadanía crítica y comprometida con la construcción de un mundo más equitativo y sostenible.

Esperamos que estos capítulos sean una herramienta útil y enriquecedora para docentes y educadores, brindando ideas y recursos que faciliten la integración de la competencia global en el aula de manera efectiva y significativa.

4

Danza para comprender: fomentando la competencia global a través del juego y la tradición

Elena Sánchez González
José Javier Moya Arroyo

Necesitamos diversidad en el mundo para enfrentar los nuevos desafíos.

THOMAS BERRY

INTRODUCCIÓN

En este capítulo se presenta una *situación de aprendizaje* diseñada para desarrollar la competencia global en estudiantes de 3 a 6 años, fomentando su capacidad para ejercer la ciudadanía en contextos interculturales. Para ello, se toma la *danza en círculo* como eje central del aprendizaje.

Este proyecto, denominado *Al corro de la patata*, busca fomentar en los niños la curiosidad, el respeto y la comprensión de otras culturas a través de experiencias activas basadas en la música, la danza y el juego. Mediante el aprendizaje de las tradiciones de los pueblos himbas y masáis, los niños desarrollarán una actitud receptiva y una perspectiva global desde una edad temprana, a la vez que comprenderán la importancia de la inclusión y el respeto por otras culturas diferentes a la suya.

La danza en círculo ha desempeñado un papel fundamental en la comprensión de diversas expresiones culturales, abarcando desde las danzas tribales africanas hasta las folclóricas europeas (véanse Imágenes 4.1 y 4.2).

Imagen 4.1. *Niños masáis bailando en círculo*

Imagen 4.2. *Niños españoles bailando en círculo*

Al trabajar la danza, se profundiza en la riqueza histórica e identitaria de cada comunidad, que se reconoce como un patrimonio cultural fundamental para comprender su contexto social, cultural, religioso y espiritual (Grau y Wierre-Gore, 2005; Kaeppler, 2000; Sachs, 2020). La danza en círculo es una antigua tradición presente en diversas culturas, utilizada para celebrar ocasiones especiales, realizar rituales, fortalecer la comunidad y fomentar la unión. Estas danzas se coreografían con distintos estilos musicales y ritmos, y pueden ir acompañadas de instrumentos de percusión y canto.

El significado cultural de las danzas tradicionales es amplio y diverso; cada movimiento, vestimenta y pieza musical lleva consigo un simbolismo propio de la comunidad que la practica. La vestimenta en las danzas tradicionales no solo aporta belleza visual, sino que también puede transmitir información sobre el contexto cultural, social o ritual de la propia danza. La música, además de acompañar el movimiento, comunica emociones, narrativas o simbolismos propios de la cultura de origen. Las canciones de corro forman parte del legado de la literatura oral, con autoría anónima, y constituyen una base fundamental de la cultura tradicional en diversas sociedades alrededor del mundo.

La relevancia de esta temática en la actualidad radica en la necesidad de preparar a las nuevas generaciones para vivir en un mundo cada vez más interconectado y diverso. En un contexto global donde las migraciones, los intercambios culturales y la digitalización han intensificado el contacto entre sociedades con diferentes tradiciones, es esencial fomentar en los niños una mentalidad abierta, respetuosa e inclusiva desde una edad temprana. El desarrollo de la competencia global en la infancia permite que los estudiantes no solo reconozcan y valoren la riqueza cultural del mundo, sino que también aprendan a interactuar positivamente con personas de distintos orígenes. A través de experiencias como la danza en círculo, los niños pueden experimentar de manera vivencial la importancia de la diversidad, la cooperación y la empatía, sentando así las bases para una ciudadanía activa y responsable.

De esta manera, el proyecto promueve diversas dimensiones de la competencia global, de acuerdo con el marco de la OCDE (2018). Entre ellas se encuentra la capacidad para comprender y apreciar perspectivas y visiones del mundo diferentes (los estudiantes serán capaces de reflexionar sobre los problemas globales, apreciando las perspectivas y comportamientos de otros individuos desde múltiples puntos de vista; dimensión 2). Asimismo, desarrolla la capacidad de establecer interacciones positivas con personas de diferentes contextos nacionales, étnicos, religiosos, sociales o culturales, o de distinto sexo (los alumnos serán competentes para interactuar con personas de diferentes grupos étnicos, comprendiendo las normas culturales y los estilos de interacción; dimensión 3).

El proceso de enseñanza y aprendizaje se organiza en cinco etapas: fase inicial motivadora; planificación del proyecto; exploración e investigación; presentación del proyecto y reflexión y evaluación. Para ello, se emplea el Aprendizaje Basado en Proyectos (en adelante, ABP) como metodología activa. Este enfoque permite que tanto el alumnado como sus familias participen de manera significativa en el desarrollo del proyecto (Sánchez Garrido, 2021; Sarceda et al., 2016). Este enfoque pedagógico se enmarca dentro de la Agenda 2030 y se vincula con los Objetivos de Desarrollo Sostenible (en adelante, ODS), ya que fomenta valores esenciales como la interculturalidad, la inclusión y una educación de calidad.

OBJETIVOS DEL PROYECTO

Los objetivos que guían el desarrollo de la situación de aprendizaje son los siguientes:

- *Diseñar una situación de aprendizaje significativa para estudiantes de 3 a 6 años*, en la que exploren el aprendizaje intercultural a través de actitudes, creencias, percepciones, comportamientos y tradiciones, examinando sus similitudes y diferencias. Este proceso busca desarrollar la capacidad de comprender, valorar y respetar al otro, así como de actuar con responsabilidad, todo ello enmarcado en el contexto de los derechos humanos, con el fin de contribuir a la paz mundial y a la sostenibilidad ambiental, social y económica. Como señala Boqué Torremorrel (2018), fomentar estrategias de comunicación pacífica desde las primeras edades es fundamental para construir una convivencia intercultural efectiva.
- *Fomentar el desarrollo de dos dimensiones de la competencia global* mediante un enfoque participativo, colaborativo y basado en la indagación activa, permitiendo a los estudiantes examinar cuestiones locales y globales, así como comprender y valorar diferentes perspectivas culturales.

SITUACIÓN DE APRENDIZAJE: *AL CORRO DE LA PATATA*

Contexto

El entorno en el que se desarrollará el proyecto será un aula con niños de 4-5 años en un centro de titularidad pública. El centro educativo se encuentra en un barrio con un alto porcentaje de familias de origen marroquí. La maestra utiliza la canción tradicional *Al corro de la patata* como estrategia para fomentar la cohesión de grupo y para lograr que los alumnos se queden sentados al finalizar la canción y así dar inicio a la Asamblea de la mañana. En ese momento, les pregunta si ya conocían la canción, si la habían bailado con sus familias, etc. A partir de esta conversación surge una pregunta: *¿Qué* otros *pueblos del mundo bailan en corro?* Esto da pie a la exploración de otras culturas, costumbres, entornos y formas de vida social y familiar.

Propósito de aprendizaje

Esta situación de aprendizaje tiene como objetivo fomentar el desarrollo integral del alumnado, tomando como base los Objetivos de Desarrollo Sostenible que se muestran en la Figura 4.1.

Figura 4.1. *Objetivos de Desarrollo Sostenible (ODS)*

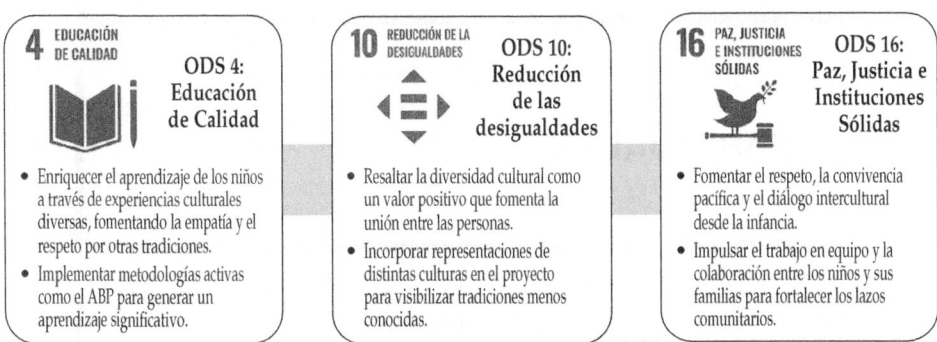

Se busca, por tanto, promover el respeto, la empatía y la inclusión mediante metodologías activas, incentivando el diálogo intercultural y la colaboración dentro del aula.

Además, esta situación de aprendizaje no solo permite explorar la diversidad cultural a través de la música y la danza, sino que también fomenta el pensamiento crítico y la capacidad de análisis. Los niños tienen la oportunidad de reflexionar sobre las conexiones entre distintas tradiciones y su propio entorno, considerando perspectivas diversas dentro de su comunidad y más allá. Asimismo, se promueve el trabajo en equipo y la colaboración con distintos actores educativos y familiares, fortaleciendo la cohesión social. Finalmente, esta experiencia impulsa el compromiso con valores como el respeto, la inclusión y la sostenibilidad, contribuyendo a la formación de ciudadanos conscientes y responsables. La Figura 4.2, en página siguiente, sintetiza gráficamente los propósitos de aprendizaje que orientan esta situación educativa.

Tarea o producto final

Para desarrollar estos aprendizajes, se ha diseñado una situación de aprendizaje en la que el alumnado analiza cómo viven otras culturas, explorando sus tradiciones, vestimenta y estilo de vida. A través de la reflexión y la comparación con su propia vida cotidiana, los niños aprenden a valorar la diversidad desde el respeto. Para ello, se llevarán a cabo distintos *talleres didácticos* a lo largo del proyecto, permitiendo que el aprendizaje se desarrolle de forma

Figura 4.2. *Propósitos de aprendizaje*

CONOCIMIENTOS	• Elementos básicos de la danza: ritmo, movimiento y expresión corporal. • Culturas y tradiciones a través de sus danzas y juegos. • Diversidad cultural y lingüística presente en el entorno cercano y global.
HABILIDADES	• Coordinación motora y equilibrio. • Expresión corporal y comunicación no verbal. • Trabajo en equipo y cooperación. • Creatividad y la improvisación en el movimiento. • Escucha activa y seguimiento de instrucciones.
VALORES Y ACTITUDES	• Respeto y la apreciación por la diversidad cultural. • Empatía y la comprensión. • Curiosidad y el interés por otras culturas. • Autoestima y la confianza. • Tolerancia y la inclusión en un contexto multicultural.

Fuente: elaboración propia.

dinámica y significativa. Como parte final del proyecto, se organiza un *mercadillo benéfico*, cuya recaudación se destinará a dos ONG que apoyan la escolarización infantil en las comunidades con acceso limitado a la educación que han ido explorando.

Metodologías y estrategias didácticas

En esta situación de aprendizaje se emplea el *Aprendizaje Basado en Proyectos (ABP)*, un modelo innovador de enseñanza y aprendizaje en el que el alumnado se involucra en un proyecto con aplicación en el mundo real, más allá del aula. A partir de una situación planteada, los estudiantes adquieren e integran nuevos conocimientos de manera contextualizada y significativa.

Esta metodología fomenta la motivación y el interés del alumnado y les permite explorar, desde su curiosidad innata, cuestiones auténticas de la vida cotidiana. De este modo, los propios estudiantes se enfrentan a diversos retos y buscan soluciones utilizando las herramientas proporcionadas por los educadores, quienes actúan como mediadores. A lo largo del proceso, el conocimiento, la cooperación, la comunicación y la interacción juegan un papel fundamental en el aprendizaje y la construcción del saber compartido (Cascales Martínez y Carrillo-García, 2018).

El ABP destaca como una metodología educativa integral que va más allá del mero desarrollo de habilidades técnicas y conceptuales. Entre estas destacan el pensamiento crítico, que permite a los estudiantes analizar y evaluar información de manera objetiva; la creatividad, fomentando soluciones innovadoras; el trabajo en equipo, crucial para la colaboración efectiva; y la resolución de problemas, una habilidad indispensable en diversos contextos (Villanueva Morales et al., 2022).

En el ABP, el punto de partida siempre son los conocimientos e ideas previas del alumnado. Por ello, el primer paso del proyecto consiste en indagar qué saben sobre el tema o centro de interés. Para lograrlo, se presenta la propuesta como un problema a resolver o una pregunta que capte su atención, despertando su curiosidad y motivándolos a investigar más.

Durante el desarrollo del proyecto, se llevará a cabo la búsqueda y recopilación de información a partir de diversas fuentes y recursos, con el objetivo de fomentar el pensamiento crítico y el análisis de la información obtenida de libros, vídeos, imágenes y documentales, entre otros. Todo ello podrá plasmarse en un dossier que sintetice lo aprendido y recoja las distintas impresiones y trabajos del alumnado.

Por último, se llevará a cabo la evaluación, la cual debe ser continua y realizarse a lo largo de todo el proyecto. Una vez finalizado, podremos comprobar junto con niños y niñas qué nivel de conocimiento se ha adquirido sobre el tema, qué preguntas han sido respondidas, qué propuestas se han hecho y cuáles quedan pendientes. Para este cierre del proyecto, resulta especialmente útil el uso de un mapa conceptual en formato mural, elaborado por el alumnado, donde se reflejen los contenidos trabajados y sus interrelaciones.

Desarrollo de la situación de aprendizaje

Introducción al proyecto

El proyecto comienza con una **sesión introductoria** en la que el docente plantea una serie de preguntas para despertar el interés del alumnado: *¿Conocéis esta canción? ¿Creéis que la conoce todo el mundo? ¿La conocerán en otros lugares? ¿Existen otras canciones que se bailan en círculo en España, y en África? ¿Quién os enseñó la canción?*

Se puede invitar a las familias a participar. Una forma de hacerlo es a través de una carta informativa enviada desde el centro educativo. Puede servir de modelo la que se presenta en Imagen 4.3.

Imagen 4.3. *Carta de invitación a la familia*

Estimadas familias:

Comenzamos el nuevo proyecto en el que vamos a embarcarnos junto
a vuestros hijo/as. Se llama "Al corro de la patata" y a través de esta canción
tradicional exploraremos algunas danzas en círculo de distintas culturas
y países. A lo largo de este viaje descubriremos la sardana de Cataluña, las danzas de los Himba
en África y los saltos de los Masáis, aprendiendo sobre sus costumbres y modo de vida.

Para enriquecer esta experiencia, les pedimos su colaboración con los siguientes materiales:
• Telas de colores fuertes para representar los trajes típicos de algunas de estas culturas.
• Materiales para hacer collares (cuentas de colores, hilos, cintas, etc.).
• Compartir con sus hijo/as alguna canción tradicional que conozcan de su propia infancia y que
  podamos incorporar al proyecto, grabando y enviando el archivo al email de la profe.

Estamos seguros de que será una vivencia muy enriquecedora para todos. Agradecemos de
antemano su apoyo y entusiasmo. ¡Juntos haremos que esta exploración cultural sea inolvidable!

Un cordial saludo,
[Nombre de la profesora]
[Nombre del centro educativo]

Fuente: elaboración propia.

Planificación del Proyecto

En la **segunda sesión** se da comienzo a la siguiente etapa del proyecto, en la que se buscará información relativa a danzas que se bailan en círculo en España y en África. A continuación, se señalan varias posibilidades en las que se puede centrar la atención para abordar las sesiones restantes: en España, la sardana; en Kenia: adumu (tribu masái) y en Namibia, omuhiv (tribu himba).

Se dialoga en un primer momento con los alumnos sobre qué se va a investigar: *¿Qué es una tribu? ¿Hay tribus en España?, ¿y en* África? *¿Hay tribus que bailan en círculo? ¿Dónde se encuentran?* En esta fase, el profesorado les mostrará vídeos e imágenes de las danzas que van a investigar. En el siguiente QR se puede ver un vídeo de los masáis.

Posteriormente, en papel continuo, se elaborará un mapamundi de España y África para mostrar su localización, tal como se muestra en la Imagen 4.4.

Imagen 4.4. *Mapa de España y África con la localización de Cataluña, Namibia y Kenia*

Fuente: elaboración propia.

Para finalizar la sesión y a partir de esas imágenes y vídeos se les pueden plantear preguntas como: *¿Cuál os ha gustado más? ¿Qué estarán cantando? ¿Cómo van vestidos? ¿Qué os llama más la atención?*, y se creará un diálogo con el alumnado.

Exploración e investigación

A raíz de esta investigación, surge la **tercera sesión,** titulada *Pequeños ciudadanos del mundo* en la que se reflexiona sobre la importancia del respeto y la convivencia en una sociedad diversa mediante el conocimiento de cómo sería vivir en una tribu masái o himba. Para ello, sería relevante elaborar una serie de recursos como, por ejemplo, crear un mural con dibujos e imágenes reales de las diferentes culturas, sus costumbres y su entorno natural.

En las Imágenes 4.5 y 4.6 se muestran algunos posibles ejemplos para presentar la información con vídeos, imágenes reales e imágenes figuradas.

Imagen 4.5. *Figuración de la vestimenta, vivienda y vegetación de los masáis*

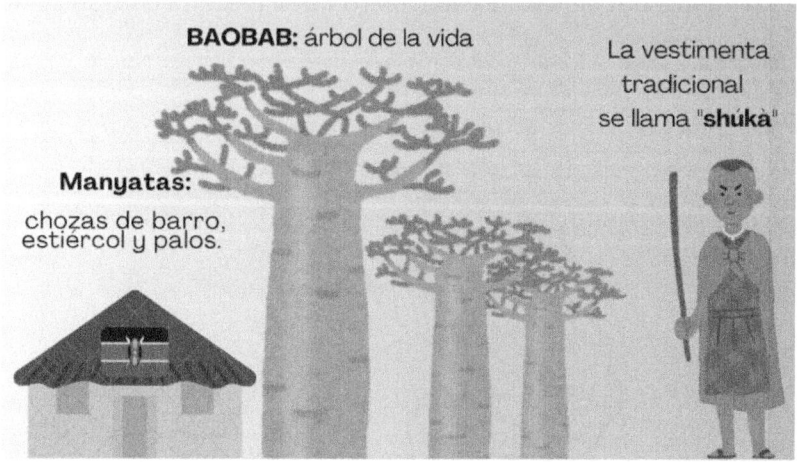

Fuente: elaboración propia.

Imagen 4.6. *Imágenes reales de la vestimenta, vivienda y vegetación de los himba*

Fuente: elaboración propia.

La **cuarta sesión** titulada *Vestidos con identidad,* la dedicaremos a conocer las tribus himba y masái, abriendo un espacio de investigación en el aula. Durante este tiempo el alumnado consultará imágenes impresas de las tribus, para observar su alimentación, vestimenta, dónde viven, etc… Esta información se comparará con el entorno de Cataluña, lugar de España donde se baila la sardana. Conocer la vestimenta tradicional de los masáis y los himbas y analizar su significado cultural dará lugar al respeto por las diferentes formas de expresión cultural y ayudará a evitar estereotipos.

© narcea, s. a. de ediciones

En la **quinta sesión**, titulada *Bailando en círculo por el mundo*, los niños descubrirán la forma de expresarse en estas culturas por medio de la danza (Tabla 4.1).

TABLA 4.1. DANZAS TRADICIONALES DEL MUNDO EN CÍRCULO		
Cataluña	**Kenia**	**Namibia**
La sardana Es una danza tradicional de Cataluña, España. Se baila en grupo, formando un círculo donde los participantes se toman de las manos, bajo el patrón hombre-mujer, y realizan pasos cortos y largos siguiendo el ritmo de la música. Esta danza es acompañada por instrumentos como la *cobla*.	**La adumu** También conocida como la *Danza del salto*, es un baile tradicional masái en el que los guerreros forman un círculo y, de uno en uno, saltan lo más alto posible sin apoyar los talones en el suelo. Mientras saltan, los demás hombres entonan cánticos y emiten sonidos guturales en un ritmo hipnótico, mientras las mujeres los acompañan con sus voces alrededor.	**El omuhiva** es una danza tradicional en la que las mujeres de la tribu himba bailan al ritmo de palmas y cánticos, balanceando sus cuerpos y moviendo la cabeza. Se caracteriza por un formato de pregunta-respuesta en las canciones, narrando historias culturales y ancestrales. Es esencial en rituales y celebraciones como matrimonios, nacimientos y despedidas.
◆ **Sardana:** https://www.youtube.com/watch?v=iSnTa89uu78 	◆ **Adumu** https://www.youtube.com/watch?v=qwmVDvpKqrl 	◆ **Omuhiva** https://www.youtube.com/watch?v=zj0guanIOqQ

Fuente: elaboración propia.

En la **sexta sesión** titulada *Nos saludamos como en el mundo*, aprenderemos cómo se saludan en las diferentes culturas, fomentando así el respeto y la inclusión en las maneras de expresarnos y el conocimiento de palabras en otro idioma. Se pueden realizar tres actividades: la primera de ellas sería traducir la canción *Al corro de la patata* al idioma de los himba o masáis para que los alumnos lo aprendan. Para ello, se podría recurrir a la inteligencia artificial y generadores de texto como ChatGPT. En este caso, iniciaremos la tarea lanzando el siguiente *prompt* a ChatGPT: *somos una clase de [añadir la edad] y estudiamos la cultura himba. Queremos traducir una canción tradicional española Al corro de la patata a su idioma. ¿Podrías ayudarnos con la traducción?*

Y posteriormente usar plataformas como Suno AI, Boomy o Soundraw para generar melodías a partir de letras, ingresando la letra traducida y así obtener una canción con ritmo africano.

Para complementar este aprendizaje sobre las formas de comunicación, en la Tabla 4.2 se recoge información sobre los idiomas y saludos característicos de cada cultura estudiada.

TABLA 4.2. IDIOMA Y SALUDOS		
España	**Kenia**	**Namibia**
Español Gallego Catalán Euskera	Maa Suajili	Otjiherero o lengua Herero
¿Cómo se saludan?		
Con dos besos, dando la mano o diciendo *hola y adiós*.	Saludan dando saltos y estrechando la mano. Usan expresiones como *Jambo* o *Habari* (¿Cómo estás?). *Adiós* se dice *Ole sere*, y bienvenido, *Karibu*.	Saludan con bailes, gritos y saltos para despedirse. *Hola* se dice *Moro*, y *Peribi* significa *¿Cómo estás?*

Fuente: elaboración propia.

Otra posible actividad sería aprender una canción de alguna tribu. En esa búsqueda de información, encontramos una canción llamada *Simamaka*, una canción tradicional de origen africano, que podemos bailar en círculo en nuestra aula. Paralelamente, los niños descubren que la tribu himba crea una canción para cada persona, cada niño antes de nacer ya tiene su propia canción creada por su familia, la cual le acompañará a lo largo de su vida.

Por eso en **la séptima sesión,** titulada *Canciones del mundo,* se propone a la clase crear su propia canción, utilizando una melodía tradicional, por ejemplo, *¡qué llueva, qué llueva!* (siendo una canción tradicional que también se baila en círculo), modificando el texto con el que inventen los niños.

Otra posible actividad es que cada familia cree una canción para su hijo o hija, la graben y la envíen al docente por email, para que los alumnos puedan visualizarla en clase a través de la pizarra digital interactiva.

Durante la investigación de estas culturas, se detecta un problema: los niños tienen grandes dificultades para acceder a la escuela. Ante esta realidad, **la octava sesión** se enfocará en plantear cuestiones del tipo: *¿Cómo les podemos ayudar?* Para dar respuesta a estas situaciones, se implementan iniciativas dirigidas a resolver el problema identificado. En consecuencia, se decide realizar en el centro "El día de África", una jornada que incluirá espectáculos, concursos y un mercadillo solidario. Esta actividad se puede enmarcar en el cronograma del centro el 12 de octubre, coincidiendo con el día de la interculturalidad y el día para promover la reflexión, el diálogo intercultural y el respeto a otras culturas. El dinero recaudado irá destinado a dos ONG (Imágenes 4.7 y 4.8) cuya labor es facilitar material y crear entornos educativos para los niños himba y masái.

Imagen 4.7. *ONG en Namibia*
https://trip-drop.com/listings/project-kaokoland-www-kaokoland-de/

Fuente: elaboración propia.

Imagen 4.8. *ONG en Kenia*
https://sawamara.com/colabora-con-los-ninos/

Fuente: elaboración propia.

Para la preparación, los alumnos podrán crear las entradas, cortando cartulinas y escribiendo el precio de la entrada; el profesorado podrá crear carteles publicitarios con ayuda del software de diseño gráfico Canva (ejemplo de cartel en la Imagen 4.9).

En la **novena sesión**, se llevará a cabo la jornada del *mercadillo solidario* donde toda la comunidad educativa podrá disfrutar de los diferentes puestos, concursos y actividades preparadas.

Imagen 4.9. *Cartel mercadillo solidario*

Fuente: elaboración propia.

Esta sesión marcará el cierre del proceso de aprendizaje, permitiendo que el alumnado y sus familias vivan la experiencia de forma activa, reforzando valores como la empatía, la cooperación y la interculturalidad.

En la **décima sesión** se creará una cuenta de Instagram, donde se irá publicando toda la información; además se difundirá el proyecto a través de la página web del centro. En la misma se informará sobre la gestión del dinero recaudado para las ONG, asegurando su uso y transparencia.

EVENTO ESPECIAL: DÍA DE ÁFRICA

Mercadillo solidario, concursos y festival cultural

Las familias que deseen asistir deberán adquirir una entrada solidaria. Todo lo recaudado será destinado a proyectos educativos para las comunidades himba y masái.

PUESTOS DEL MERCADILLO

Diversas actividades para hacer partícipes a los niños y sus familias, fomentando la creatividad, el aprendizaje intercultural y la solidaridad.

Photocall Himba

Fuente: elaboración propia.

1. Photocall Himba

El profesorado diseñará un photocall temático inspirado en la cultura himba. Algunas ideas incluyen la recreación de paisajes, vestimenta o elementos característicos de esta comunidad.

2. Puesto de collares masái

El alumnado creará collares, pulseras y tobilleras con cuentas de colores, diferentes cordones y texturas que se venderán en el mercadillo solidario. Además, se elaborará un cartel de exposición con imágenes y explicaciones para el día del evento.

Puesto collares masáis

Fuente: elaboración propia.

Peinados himba

Fuente: elaboración propia.

3. Taller de trenzas rojas como los himba

Los participantes podrán experimentar con materiales reciclados para recrear el tradicional estilo de trenzas rojas de la comunidad himba.

CONCURSOS

 ### 1. Canción personal himba

Cada familia creará una canción para su hijo o hija utilizando una melodía tradicional. Durante el evento se proyectarán todas las canciones y se otorgará una mención especial a las creaciones más emotivas y originales.

FESTIVAL CULTURAL

 ### 1. Festival de danza y música masái

El alumnado, vestido con atuendos inspirados en la cultura masái, interpretará una versión adaptada de *Al corro de la patata*, junto con otras canciones tradicionales de las tribus africanas, como *Simamaka* (trabajada en la sexta sesión).

¡Un evento lleno de aprendizaje, creatividad y solidaridad!

¡No te lo pierdas!

Todo lo recaudado será destinado a proyectos educativos para las comunidades himba y masái

• • • • •

La Figura 4.3 presenta de manera visual la secuencia completa de estas etapas y sesiones, mostrando la progresión lógica del proyecto desde la fase inicial motivadora hasta la reflexión y evaluación final.

Figura 4.3. *Etapas de la situación de aprendizaje* Al corro de la patata

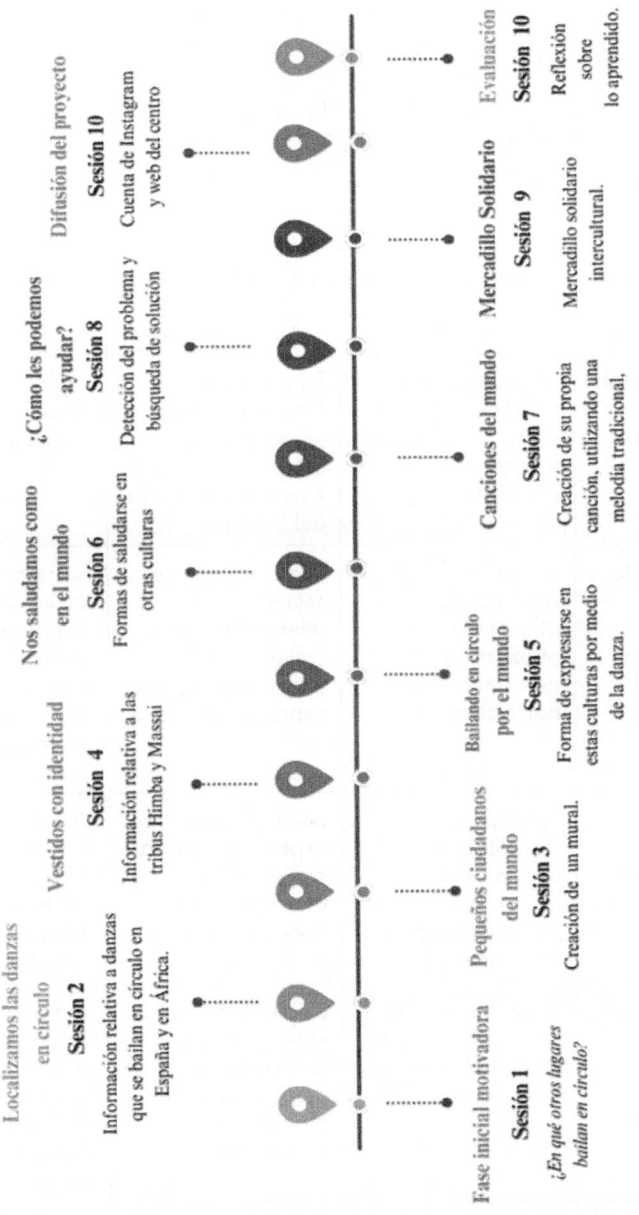

Evaluación

A continuación, se presenta una propuesta para evaluar la situación de aprendizaje, alineada con los objetivos establecidos. Esta será la **última sesión** de la situación de aprendizaje.

Rúbrica de evaluación para docentes

La Tabla 4.3 muestra una rúbrica de evaluación para medir el logro de aprendizaje, estableciendo la frecuencia o el grado de su consecución mediante sus respectivos indicadores.

TABLA 4.3. RÚBRICA DE EVALUACIÓN PARA LA MEDICIÓN DE LA SITUACIÓN DE APRENDIZAJE			
Categoría	**Inicial**	**En desarrollo**	**Avanzado**
Conciencia cultural: exploración de la vida cotidiana de la cultura masái e himba.	Muestra poco interés en conocer sobre otras culturas y necesita guía constante.	Participa con interés moderado en actividades sobre la vida masái e himba con ayuda del docente.	Explora con entusiasmo, hace preguntas y muestra curiosidad genuina por estas culturas.
Empatía y respeto: reflexión sobre similitudes y diferencias con su propia realidad.	Le cuesta identificar similitudes y diferencias con otras culturas y necesita apoyo para reflexionar.	Reconoce algunas semejanzas y diferencias con ayuda, pero necesita guía para expresar respeto.	Expresa de manera natural respeto y curiosidad por otras culturas, identificando similitudes y diferencias con facilidad.
Comunicación intercultural: expresión creativa mediante la música, el lenguaje y el movimiento.	Participa con dificultad en actividades de música, lenguaje o movimiento de otras culturas.	Se involucra en la expresión creativa con estímulo y orientación del docente.	Disfruta y participa activamente en la música, el lenguaje y el movimiento de manera espontánea.
Participación en el mundo global: desarrollo del sentido de pertenencia a una comunidad diversa.	Tiene dificultades para sentirse parte de una comunidad diversa y necesita apoyo constante.	Empieza a comprender su pertenencia a un grupo más amplio, pero aún requiere motivación.	Demuestra con seguridad su pertenencia a una comunidad diversa, valorando la cooperación y la inclusión.

Fuente: elaboración propia.

Rúbrica de autoevaluación infantil

La rúbrica que se presenta en la Tabla 4.4 permite a los niños evaluar su propio aprendizaje de manera divertida y visual. Cada niño puede elegir el emoticono que mejor represente cómo se siente en cada categoría.

TABLA 4.4. RÚBRICA DE EVALUACIÓN INFANTIL			
Actividad	Estoy descubriendo	Estoy entendiendo	Me siento parte del mundo
Bailamos *Al corro de la patata* y descubrimos otras danzas del mundo.	Escucho y miro, pero aún no entiendo bien por qué hay tantas formas de bailar.	Empiezo a notar que hay muchas formas de bailar y me gusta intentarlo.	Me encanta descubrir y compartir danzas de otros países, ¡me siento parte de algo más grande!
Vemos vídeos de niños masái e himba y hablamos sobre sus costumbres.	Me resulta difícil imaginar cómo viven otros niños en otros lugares.	Me doy cuenta de que hay muchas maneras de vivir y me gusta aprender sobre ellas.	Entiendo que hay muchas culturas y disfruto conociéndolas y respetándolas.
Aprendemos una canción en otro idioma y creamos nuestra propia canción.	Me suenan raras las palabras y me cuesta cantarlas.	Me esfuerzo en cantar y aprender palabras nuevas de otros idiomas.	Disfruto cantando en diferentes idiomas y me gusta compartirlo con los demás.
Participamos en el mercadillo solidario y en las actividades culturales.	No entiendo muy bien por qué ayudamos a otros niños de otros países.	Me doy cuenta de que hay niños que necesitan ayuda y me gusta participar.	Me gusta colaborar y sé que juntos podemos hacer un mundo mejor.

Diario de aprendizaje

Es una herramienta que permite que los niños y los familiares reflexionen sobre la situación de aprendizaje, compartan experiencias y refuercen los contenidos de una manera divertida y significativa (véase un ejemplo a continuación).

✿ Diario de Aprendizaje Familiar ✿

📖 Observando el aprendizaje de mi hijo o hija   ❶

1. ¿Qué me ha contado mi hijo sobre lo que ha aprendido en clase?
_____
_____

2. ¿Cómo ha reaccionado al conocer nuevas culturas y tradiciones?
_____
_____

3. ¿Qué aspectos del proyecto parecen haberle interesado más?
_____
_____

4. ¿Cómo percibo su emoción o actitud frente a este aprendizaje?
(puedo marcar una carita:)

😊   🙂   😐   ☹️

🏠 Aprendemos juntos en casa   ❷

1. ¿Hemos hablado en familia sobre este proyecto? ¿Qué hemos descubierto juntos?
_____
_____

2. Mi hija ha intentado enseñarnos algo nuevo (un baile, una canción, una historia)
                    Sí / No
Si la respuesta es sí ¿cómo ha sido esta experiencia para nosotros como familia?
_____
_____

3. ¿Hay alguna tradición en nuestra familia que podríamos compartir con la clase?
_____
_____

⬭ Reflexionamos como familia   ③

1. ¿Cómo ha cambiado nuestra visión sobre la diversidad cultural gracias a este proyecto?

_____

_____

2. ¿Qué valores creemos que nuestro hijo/a ha reforzado con este aprendizaje?

_____

_____

3. ¿Cómo podemos seguir fomentando la empatía y el respeto por otras culturas en casa?

_____

_____

🔺 Cierre y reconocimiento   ④

¡Felicidades!

Hemos compartido un aprendizaje significativo en familia.
Nos hemos acercado a otras culturas, hemos aprendido juntos
y hemos fortalecido el respeto por la diversidad

Firma del padre/madre/tutor:

_____

Podemos hacer un dibujo juntos sobre lo que más nos ha gustado del proyecto.

Gracias por acompañar a su hijo o hija en este aprendizaje y por enriquecer nuestra comunidad con sus experiencias.

Espacios y recursos

Esta situación de aprendizaje se desarrollará principalmente en el centro educativo y, en concreto, en el aula de referencia. La quinta sesión y la sexta sesión se podrían llevar a cabo en el patio del centro, o en el aula de psicomotricidad. La novena sesión también sería factible realizarla en un espacio amplio, como podría ser el salón de actos del centro, si lo tuviera, o en el polideportivo. También es esencial disponer del siguiente material para las distintas sesiones:

- *Recursos digitales y tecnológicos:* pizarra digital interactiva (PDI) o proyector con información sobre las tribus (Sesiones 2, 4, 5, 6, 7 y 8); smartphone para leer el código QR y grabar la canción y red social Instagram (Sesión 2, 7 y 10); ChatGPT, Suno AI, Boomy y Soundraw (Sesión 6); correo electrónico (Sesión 7).
- *Recursos materiales:* recursos en formato papel con información sobre las tribus; y creación de las entradas y cartel publicitario (Sesiones 2,3,4,8,9); material para la creación de collares, pulseras y tobilleras (Sesión 8); materiales reciclados para los peinados del taller (Sesión 8).

RESUMEN

Como síntesis del proceso formativo desarrollado, es importante visualizar cómo los diferentes componentes del proyecto contribuyen al desarrollo de la competencia global en los estudiantes. El esquema que se presenta a continuación ilustra la interconexión entre los elementos que conforman esta experiencia de aprendizaje intercultural.

SÍNTESIS

Resumimos de manera visual las preguntas, conexiones establecidas, puntos de vista abordados y formas que tiene el alumnado de involugrarse en el proyecto.

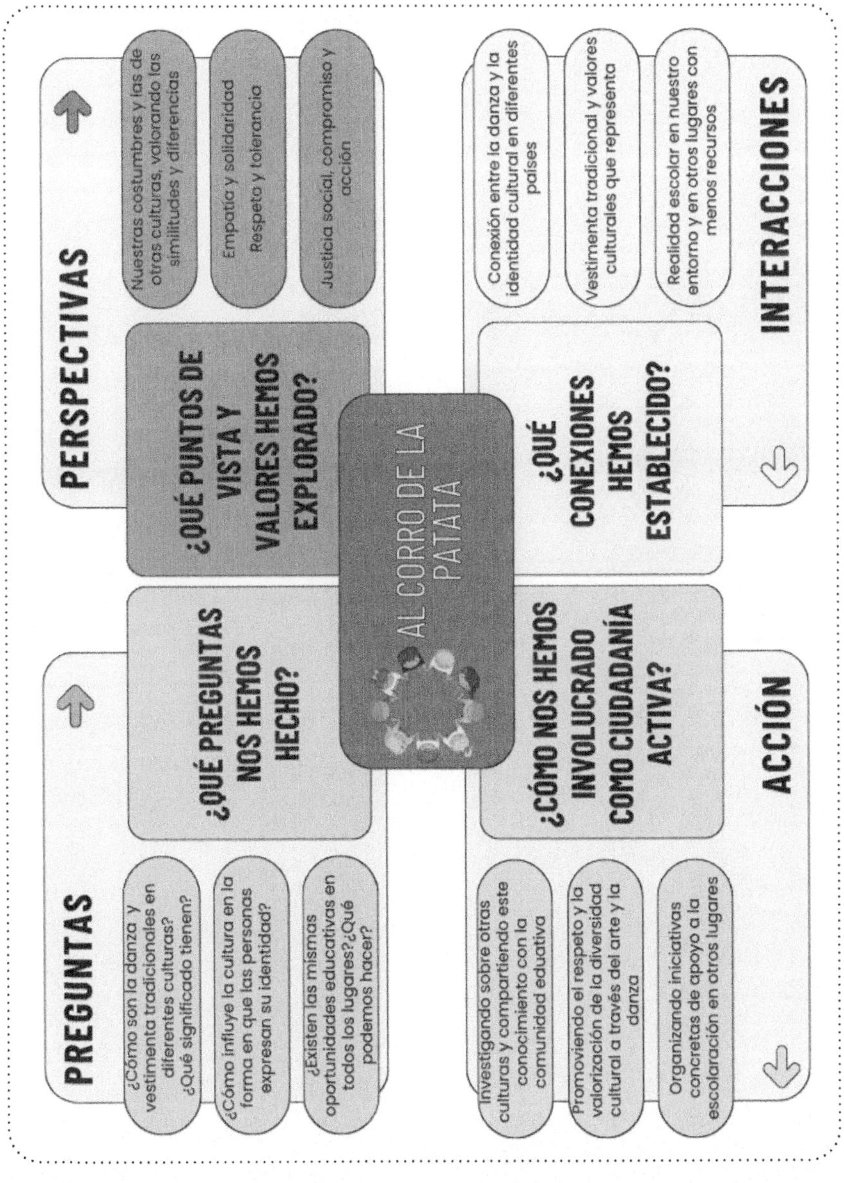

PERSPECTIVAS

¿QUÉ PUNTOS DE VISTA Y VALORES HEMOS EXPLORADO?

- Nuestras costumbres y las de otras culturas, valorando las similitudes y diferencias
- Empatía y solidaridad
- Respeto y tolerancia
- Justicia social, compromiso y acción

INTERACCIONES

¿QUÉ CONEXIONES HEMOS ESTABLECIDO?

- Conexión entre la danza y la identidad cultural en diferentes países
- Vestimenta tradicional y valores culturales que representa
- Realidad escolar en nuestro entorno y en otros lugares con menos recursos

PREGUNTAS

¿QUÉ PREGUNTAS NOS HEMOS HECHO?

- ¿Cómo son la danza y vestimenta tradicionales en diferentes culturas? ¿Qué significado tienen?
- ¿Cómo influye la cultura en la forma en que las personas expresan su identidad?
- ¿Existen las mismas oportunidades educativas en todos los lugares? ¿Qué podemos hacer?

AL CORRO DE LA PATATA

ACCIÓN

¿CÓMO NOS HEMOS INVOLUCRADO COMO CIUDADANÍA ACTIVA?

- Investigando sobre otras culturas y compartiendo este conocimiento con la comunidad educativa
- Promoviendo el respeto y la valorización de la diversidad cultural a través del arte y la danza
- Organizando iniciativas concretas de apoyo a la escolaración en otros lugares

5

Formación en ciudadanía glocal a través del cuidado animal

Adrián Neubauer
Javier Pericacho-Gómez

Sé amable con el medio ambiente, sé amable con la gente, sé amable con los animales, si haces eso, dejarás una marca en nuestro mundo.

ENOCK MARAGESI

INTRODUCCIÓN

Este capítulo presenta una situación de *aprendizaje diseñada* para trabajar la competencia global con estudiantes de 6 a 12 años, abordando el fenómeno social de los gatos comunitarios, quienes habitan en las calles de un barrio urbano humilde. La propuesta, a la que hemos denominado *ciudadanos globales, gatos felices*, está adaptada a las características psicológicas, emocionales y sociales propias de esta etapa del desarrollo. A través de un enfoque investigador y participativo, el alumnado explora el impacto de esta problemática en la comunidad, el entorno y los propios animales, y desarrolla estrategias orientadas a mejorar tanto la convivencia como la calidad de vida de los gatos y los vecinos. Además, se promueve la adquisición de valores fundamentales como la responsabilidad, el respeto hacia el entorno y la colaboración en equipo, contribuyendo de manera integral al desarrollo personal y social del alumnado.

El proceso de enseñanza y aprendizaje se organiza en cuatro etapas: identificación del problema; análisis de la situación; búsqueda de soluciones y puesta en acción. Para ello, se emplean metodologías activas como el Aprendizaje Basado en Proyectos (ABP), el aprendizaje cooperativo, el método de casos y el Aprendizaje-Servicio (ApS), que permiten al alumnado participar de manera activa y significativa en el desarrollo del proyecto.

El bienestar animal y la convivencia en comunidades urbanas son temas de gran relevancia en la actualidad, especialmente en entornos con alta densidad de población. Esta situación de aprendizaje fomenta diversas dimensiones de la competencia global al partir de un fenómeno cercano al alumnado, que lo vive en su día a día, y que le permite abordar temáticas de dimensión internacional, como pueden ser el cuidado de los animales y la protección del medioambiente. Además, ayuda al estudiante no solo a comprender el concepto de democracia, sino a ejercerla con el ánimo de transformar el mundo desde su contexto más inmediato.

OBJETIVOS DE LA PROPUESTA

Los objetivos específicos que guían el desarrollo de esta situación de aprendizaje son los siguientes:

- *Diseñar una situación de aprendizaje significativa para estudiantes de 6 a 12 años*, que aborde de manera creativa y reflexiva el problema de los gatos comunitarios en un entorno urbano, promoviendo su comprensión del entorno y la búsqueda de soluciones sostenibles.
- *Fomentar el desarrollo integral de las cuatro dimensiones de la competencia global* a través de un enfoque participativo, colaborativo y basado en la indagación activa.

SITUACIÓN DE APRENDIZAJE: *CIUDADANOS GLOBALES, GATOS FELICES*

Contexto

El entorno en el que se desarrollará esta situación de aprendizaje es un barrio urbano humilde, caracterizado por un fuerte sentido de comunidad y una identidad muy arraigada entre sus habitantes. El vecindario, compuesto por calles estrechas y edificios antiguos, ha sido el hogar de numerosas familias que han vivido allí "de toda la vida". A pesar de la carencia de grandes recursos, infraestructuras modernas o espacios verdes amplios, el barrio se distingue por su ambiente acogedor y solidario, donde los vecinos se apoyan mutuamente para afrontar los desafíos cotidianos.

Sin embargo, este entorno también enfrenta diversas problemáticas asociadas a su contexto socioeconómico y su dinámica urbana. Entre ellas, destaca el creciente número de gatos comunitarios —o callejeros— que han convertido las calles del barrio en su hábitat principal. Es habitual encontrarlos descansando en los portales, deambulando por los tejados o buscando alimento entre las bolsas de basura. Aunque muchos vecinos sienten simpatía por estos animales y algunos incluso los alimentan de forma voluntaria, su proliferación ha generado tensiones y preocupaciones.

La presencia constante de estos gatos ha derivado en quejas relacionadas con la suciedad y con posibles riesgos para la salud pública, lo que ha generado un debate entre quienes luchan por su protección y cuidado y quienes consideran que es necesario tomar medidas más estrictas para controlar su número. Este problema refleja la complejidad de equilibrar las necesidades de los animales con las preocupaciones de los vecinos, a la vez que pone en evidencia la importancia de buscar soluciones comunitarias y sostenibles.

Propósito de aprendizaje

En esta situación de aprendizaje se pretende fomentar el desarrollo integral del alumnado de acuerdo con los elementos de la Figura 5.1.

Figura 5.1. *Propósitos de aprendizaje*

CONOCIMIENTOS
- Bienestar y derechos animales.
- Justicia social.
- Inteligencia artificial.
- Sostenibilidad.

HABILIDADES
- Cooperación eficaz.
- Entendimiento y comprensión mutua.
- Empatía.
- Emprendimiento.

VALORES Y ACTITUDES
- Activismo y compromiso social.
- Ciudadanía activa y democrática.
- Emprendimiento.
- Respeto por los animales.

Fuente: elaboración propia.

Por ejemplo, se estimula el análisis, la reflexión y la búsqueda de soluciones sostenibles en el contexto local y global. A su vez, se fomenta el pensamiento crítico y la comprensión de diferentes perspectivas, puesto que los estudiantes analizan el impacto de estos gatos desde múltiples puntos de vista, incluyendo el de los vecinos, los comerciantes y los propios animales. De igual modo, se promueve el trabajo en equipo y la cooperación con distintos actores de la comunidad. Por último, se refuerza su activismo y compromiso social a través de acciones concretas que benefician tanto a los animales como a los vecinos, contribuyendo al fortalecimiento del tejido social del barrio y al cuidado del medioambiente.

Tarea o producto final

Para desarrollar todos estos aprendizajes, se ha diseñado una situación de aprendizaje donde el alumnado debe ser capaz de analizar un problema social existente desde diferentes puntos de vista, buscar soluciones que beneficien al conjunto de la comunidad y llevarlas a cabo. En este caso, los estudiantes han de reflexionar sobre el impacto que tienen los gatos callejeros en su entorno y en las personas que les rodean y, a partir de dicho diagnóstico, desarrollar estrategias para revertir esta situación y mejorar la calidad de vida de estos animales y de las personas.

Metodologías y estrategias didácticas

En esta situación de aprendizaje se emplean principalmente cuatro metodologías: el *Aprendizaje Basado en Proyectos* (ABP), el *Aprendizaje Cooperativo*, el *Método de Casos* y el *Aprendizaje-Servicio* (ApS).

1. El *Aprendizaje Basado en Proyectos (ABP)* es una metodología activa que coloca al estudiante en el centro del proceso educativo, fomentando su autonomía para resolver retos de manera efectiva. Esta metodología parte de la presentación de un problema o desafío concreto, en el que los estudiantes asumen el papel principal. A través del análisis de las implicaciones del problema, identifican los aprendizajes y competencias necesarias para desarrollar una solución adecuada. El docente desempeña un rol clave como impulsor inicial del desafío, acompañando a los estudiantes durante el proceso. Actúa como guía, supervisor y facilitador, proporcionando orientación y recursos cuando es necesario, pero dejando espacio para que los estudiantes lideren su propio aprendizaje.

   El ABP no solo promueve el desarrollo de habilidades técnicas y conceptuales, sino que también fortalece competencias transversales como el pensamiento crítico, la creatividad, el trabajo en equipo y la resolución de problemas (Hornejas y Guntalidad, 2024), lo que lo convierte en una herramienta poderosa para un aprendizaje significativo y conectado con el mundo real.

En esta situación de aprendizaje, el problema consiste en analizar cómo influyen los gatos callejeros en su entorno inmediato y, con base en este análisis, pensar y diseñar acciones que transformen esta realidad, mejorando tanto el bienestar de los felinos como el de quienes conviven con ellos.

2. El *Aprendizaje Cooperativo* fomenta el trabajo en equipo a través de la formación de grupos heterogéneos, en los cuales los estudiantes colaboran de manera coordinada para resolver tareas y profundizar en su aprendizaje. En otras palabras, los estudiantes trabajan juntos para alcanzar objetivos comunes, de modo que el éxito individual está intrínsecamente vinculado al éxito colectivo del grupo (Galindo-Domínguez et al., 2024).

Las estrategias de aprendizaje cooperativo no solo facilitan la adquisición de conocimientos, sino que también mejoran la actitud, la motivación y la implicación del alumnado. Además, contribuyen a crear un ambiente positivo basado en la cooperación, el respeto mutuo y la responsabilidad compartida, fortaleciendo tanto las habilidades académicas como las sociales.

En la situación de aprendizaje planteada, el uso del aprendizaje cooperativo es un elemento constante, implementado de diversas formas y bajo distintos criterios. Los grupos pueden estructurarse en función de la tarea propuesta y la duración estipulada. Asimismo, se pueden aplicar diferentes técnicas específicas de aprendizaje cooperativo. Por ejemplo:

– *Cabezas juntas numeradas*: se forman grupos de 4 estudiantes (dependiendo del número total), se le asigna un número a cada uno, el docente realiza una pregunta, los estudiantes "juntan las cabezas" y piensan una respuesta consensuada; posteriormente el docente selecciona un número al azar y el estudiante de cada grupo con ese número explica la respuesta.

– *1-2-4*: el docente plantea una cuestión, los estudiantes reflexionan individualmente, luego discuten en parejas y, finalmente, comparten sus ideas en grupos de 4.

Estas técnicas, entre otras, enriquecen el proceso de aprendizaje, fomentando la participación, el pensamiento crítico y la colaboración efectiva entre los estudiantes.

3. El *Método de Casos* consiste en presentar a los estudiantes un problema social, ético o moral representativo de su entorno, para que lo investiguen, lo analicen y busquen soluciones al mismo (Mcintosh, 2024). El rol del docente consiste en actuar como facilitador del proceso de

análisis, orientando a los estudiantes hacia una comprensión más profunda del tema. En lugar de ofrecer respuestas predeterminadas, se proporcionan recursos y herramientas que promuevan la reflexión, el debate y la exploración grupal de posibles soluciones.

A través de esta dinámica, los estudiantes fortalecen habilidades clave como el trabajo colaborativo, el aprendizaje autónomo, el análisis crítico, la síntesis, la evaluación y el pensamiento reflexivo. Asimismo, desarrollan su capacidad para identificar problemas y resolverlos mediante decisiones creativas e innovadoras. En esta situación de aprendizaje se aborda un problema concreto con diferentes implicaciones éticas y sociales: el impacto de los gatos callejeros en su entorno y en las personas que les rodean.

4. Finalmente, el *Aprendizaje-Servicio* (ApS) es una metodología que combina el aprendizaje académico con el compromiso y el cambio social (Chica y Peña, 2024), permitiendo a los estudiantes adquirir conocimientos y habilidades mientras contribuyen de manera significativa a su comunidad. En esencia, se trata de aprender siendo útil a la sociedad mediante la participación activa en actividades orientadas al desarrollo comunitario.

Con un fuerte enfoque social, el ApS integra objetivos pedagógicos y solidarios, y permite que los estudiantes no solo asimilen los contenidos del currículo oficial, sino que también actúen sobre necesidades reales de su entorno con el propósito de mejorarlo. Este enfoque fomenta un aprendizaje activo, significativo y transformador al conectar directamente el conocimiento con su aplicación práctica en contextos reales.

En la situación de aprendizaje planteada, el ApS ocupa un lugar central, ya que permitir abordar el currículo, al tiempo que sensibiliza a los estudiantes sobre un problema social concreto (Blanco y Lozano, 2024). A través de esta metodología, los alumnos no solo toman conciencia de las problemáticas de su entorno, sino que también contribuyen a su resolución mediante acciones concretas, fortaleciendo tanto su desarrollo académico como su compromiso ciudadano.

Desarrollo de la situación de aprendizaje

Identificación del problema

En esta primera parte de la situación de aprendizaje, se llevará a cabo una **primera sesión** introductoria donde se exponga la situación que está ocurriendo en el barrio con el objetivo de identificar el problema y su impacto en la comunidad. Por esa razón, al inicio de esta sesión inicial, como docentes, mostraremos una serie de fotografías de los alrededores del colegio. Estas imágenes muestran un número importante de gatos vagando por las calles del barrio. Algunas de ellas ilustran cómo estos animales se sientan en las terrazas de los bares, duermen en los portales y rasgan las bolsas de basura para buscar comida. Después de presentar estas fotografías, abrimos un debate grupal donde planteamos los siguientes interrogantes: *¿Estas imágenes os resultan familiares? ¿Qué creéis que está pasando en el barrio tras ver estas imágenes? ¿Creéis que la gente está contenta o enfadada porque haya tantos gatos en las calles? ¿Por qué creéis que los vecinos se sienten de esa manera?*

Tras intercambiar impresiones, invitamos a los estudiantes a reflexionar en torno al impacto de estos gatos en la comunidad. Para ello, dividimos la clase en grupos de cuatro o cinco personas. A cada equipo, le atribuimos un rol distinto: vecinos, niños, comerciantes locales y agentes de protección civil (incluyendo a policías, sanitarios, bomberos…). Hecho esto, cada grupo ha de presentar un póster, analógico o digital, donde visualice de qué manera impactan positiva y negativamente estos mamíferos en el actor que le ha sido asignado. A modo de ejemplo, una posible forma de ilustrar esto sería a través de recursos digitales de la manera que se muestra en la Figura 5.2.

Figura 5.2. *Beneficios y desventajas de los gatos en el entorno*

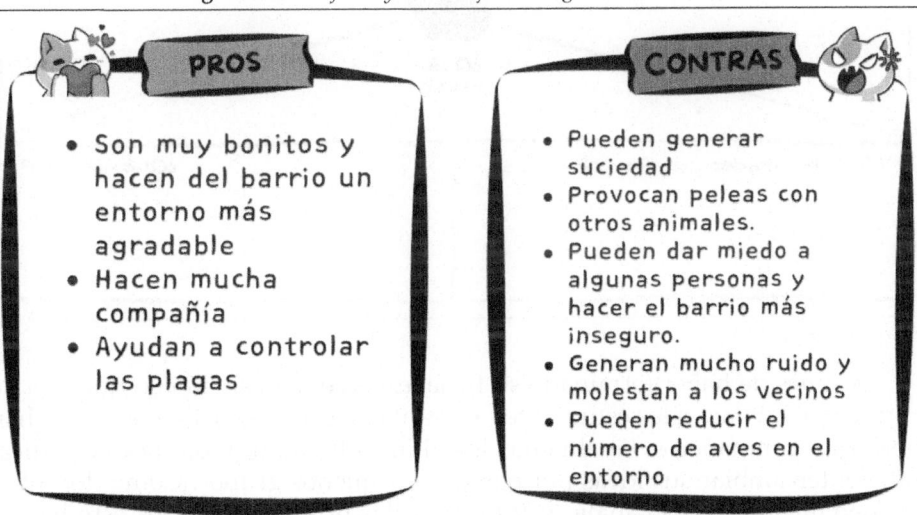

PROS

- Son muy bonitos y hacen del barrio un entorno más agradable
- Hacen mucha compañía
- Ayudan a controlar las plagas

CONTRAS

- Pueden generar suciedad
- Provocan peleas con otros animales.
- Pueden dar miedo a algunas personas y hacer el barrio más inseguro.
- Generan mucho ruido y molestan a los vecinos
- Pueden reducir el número de aves en el entorno

Fuente: elaboración propia.

Por supuesto, el ejemplo es una simple muestra de los resultados que podrían darse, aunque esto variará inevitablemente en función del grupo en el que se lleve a cabo. Retomando el caso, cada equipo deberá exponer su póster al resto de la clase y justificar por qué han seleccionado esas ventajas y esos inconvenientes.

Análisis de la situación

La **segunda sesión** de esta situación de aprendizaje inicia la segunda etapa, donde se trata de analizar la situación en profundidad. Para ello, desarrollamos una breve, pero intensa, actividad donde cada alumno debe decir en voz alta un aprendizaje que se llevó a casa en la clase anterior. Con el objetivo de dinamizar esta tarea, facilitaremos un ovillo de lana a un estudiante, quien deberá exponer su aprendizaje en menos de 10 segundos y pasar el ovillo a un compañero justo después de decir *miau*. Cuando toda la clase haya participado, pasaremos a desarrollar la parte central de esta sesión. Esta segunda actividad se realizará de forma individual y cada estudiante deberá cumplimentar un mapa de empatía donde se ponga en la piel de estos gatos callejeros. De esa forma, deberá dar respuesta a las seis preguntas que se muestran en la Figura 5.3.

Figura 5.3. *Mapa de empatía*

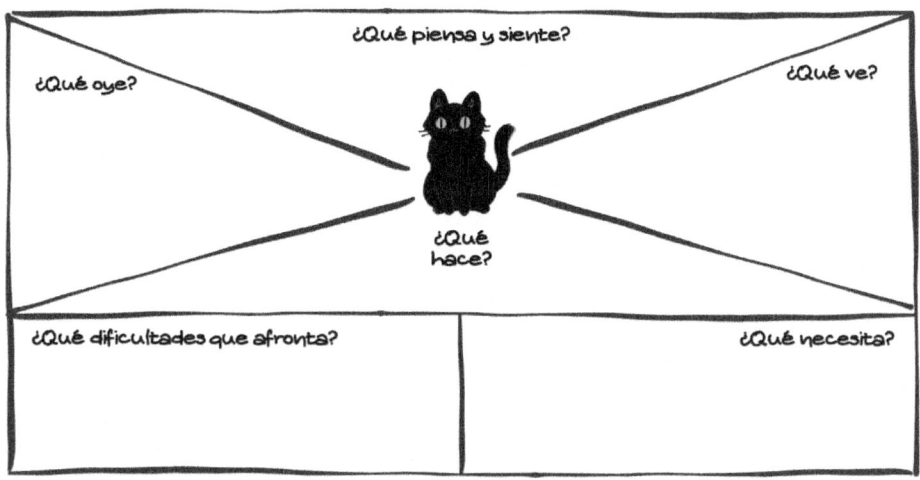

Fuente: elaboración propia.

Después de haber terminado su ficha, estas se depositarán en una caja de cartón y se invitará a los estudiantes a levantarse y leer las actividades que han hecho sus compañeros. Finalmente, los últimos 10 minutos de clase se dedicarán a intercambiar sus ideas por parejas o pequeños grupos. Como docentes, es fundamental que se analicen las respuestas brindadas por los estudiantes para identificar qué necesidades han detectado como prioritarias para estos animales. De esta forma, se tendrá una hoja de ruta sobre qué intervención o actuaciones consideran más importantes los estudiantes. Tras este ejercicio, algunas de las conclusiones a las que podríamos llegar es que la alimentación y el resguardo de estos animales no están cubiertos como debiera.

En consecuencia, en la **tercera sesión** se podría invitar a una voluntaria de una protectora de animales para que comparta con el grupo la realidad de estos gatos en su día a día y cuáles son sus principales demandas. Otra posibilidad es acudir a la propia protectora en forma de excursión, aunque esto podría ser más costoso. Posiblemente, en este taller la voluntaria podría presentar brevemente que una forma de proteger a estos mamíferos es a través de las colonias felinas. Si esto sucediera, algo que podríamos propiciar, asentaríamos la base para articular nuestro proyecto.

Búsqueda de soluciones

Al hilo del taller anterior, y tras el interés manifestado por la clase, la **cuarta sesión** la dedicaremos a conocer qué es una colonia felina. Para ello, comenzaremos haciendo una lluvia de preguntas que el alumnado quiera descubrir sobre estas colonias. En este momento, nuestra labor como docentes es canalizar todas sus inquietudes y reflejarlas en la pizarra —ya sea analógica o digital— para aterrizar todas sus preguntas. A modo de ejemplo, en la Figura 5.4 se presentan algunos interrogantes que podrían surgir.

Figura 5.4. *Lluvia de preguntas sobre las colonias felinas*

Fuente: elaboración propia.

Con el ánimo de dar respuesta a ellas, se abre un espacio de investigación en el aula. Durante este tiempo el alumnado puede consultar en internet y también los materiales que hemos traído como docentes al aula en formato papel (noticias de prensa y folletos informativos). Mientras tanto, nuestra labor como docentes es acompañarlos en su búsqueda de información para brindarles apoyo y asegurar que basen sus respuesta en fuentes fiables. No obstante, la resolución de estas preguntas se podría emplazar a las siguientes clases. A su vez, sería relevante elaborar una serie de recursos que pueda consultar el grupo de estudiantes en casa y así puedan ampliar su conocimiento sobre este tema. Por esa razón, como docentes, podríamos elaborar o facilitarles los siguientes recursos:

- Un vídeo breve donde se explique qué son las colonias felinas.
- Una noticia de prensa con un lenguaje adaptado a su edad donde se explique cómo funcionan las colonias felinas.
- Una infografía donde se detalle quiénes participan en estas colonias y cuáles son sus funciones.

Tras haber estudiado el contenido teórico en sus casas, la **quinta sesión** estaría enfocada a responder a estas preguntas de forma cooperativa. Por ese motivo, dividiremos la clase en grupos conformados por cuatro o cinco integrantes. Cada equipo deberá poner en común lo aprendido durante el periodo de investigación en la clase anterior y también en sus casas. Posteriormente, cada grupo escribirá en un gran cartel de papel su contribución a cada pregunta y el portavoz de cada equipo compartirá en voz alta la conclusión a la que ha llegado su grupo.

Por su parte, la **sexta sesión** se centrará en explorar otras colonias felinas. En este sentido, es importante recalcar a los estudiantes que han de buscar ejemplos en contextos cercanos, a nivel nacional y también en otros países. Además de sugerirles que utilicen internet para buscar esta información, se les invita a explorar los recursos facilitados en clases anteriores por parte del profesorado. Paralelamente, el docentes proyectará un mapa del mundo en la pizarra digital, otro mapa de nuestro país y otro de la ciudad. De esa manera, la pantalla dividida en tres partes mostrará las dimensiones local, nacional y global. La tarea solicitada a los estudiantes consiste en señalar en dichos mapas las colonias felinas que han encontrado. Para cada una de ellas, deberán elaborar una ficha como la que presentamos en la Figura 5.5.

Figura 5.5. *Ficha técnica de las colonias felinas*

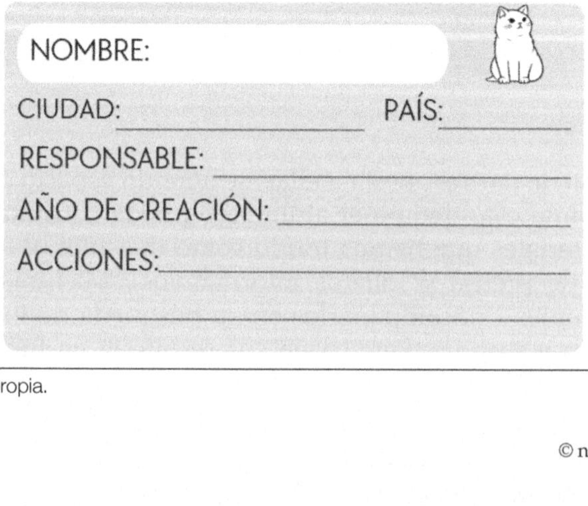

NOMBRE:

CIUDAD: _____   PAÍS: _____

RESPONSABLE: _____

AÑO DE CREACIÓN: _____

ACCIONES: _____

_____

Fuente: elaboración propia.

Como resultado de esta actividad, se dispondrá de un mapa y de un banco de ejemplos sobre el que basar nuestras acciones de cara a crear una colonia felina en nuestra comunidad. Sin embargo, en la primera sesión detectamos que había cierto descontento por parte de los vecinos y de los comercios locales. Por esa razón, se hace imprescindible llevar a cabo acciones que traten de construir tejido social a partir de este proyecto y conseguir posibles colaboradores.

Ante este desafío, en la **séptima sesión** se tratará de buscar opciones de colaboración con los comercios locales y con los vecinos. Por esa razón, se realizará una salida del centro al barrio donde los estudiantes podrán contar su idea a las personas cercanas y preguntarles si les gustaría apoyar su iniciativa de alguna manera. Algunos de los lugares idóneos para acudir serían el centro de día de adultos mayores, los veterinarios, los comercios de alimentación y la biblioteca, entre otros.

Puesta en acción

En esta última fase de la situación de aprendizaje, es el momento de poner en marcha iniciativas que traten de resolver el problema identificado. En consecuencia, la **octava sesión** será destinada a crear casas-refugio para estos gatos. Estas serán diseñadas y construidas empleando material reciclado. Para ello, se establecerán grupos de cuatro a cinco personas. Nuestra labor docente no solo será facilitar algunos materiales (muchos de ellos disponibles en el centro educativo y en los propios hogares de los estudiantes), sino también asesorarlos en su diseño, donde deben tener en consideración aspectos relevantes como la duración y la impermeabilidad de los materiales. Una vez finalizados los hogares, serán puestos a disposición de la protectora que realizó el taller para que los distribuya en la comunidad.

En la **novena sesión**, trataremos de redactar una carta al ayuntamiento solicitando la creación de una colonia felina en el barrio. Para ello, podríamos recurrir a la inteligencia artificial y generadores de texto como ChatGPT. En este caso, iniciaremos la tarea lanzando el siguiente *prompt* a ChatGPT: *somos una clase de [añadir la edad] y estudiamos en un centro educativo ubicado en [añadir la localización]. Queremos escribir una carta al ayuntamiento de [añadir la localidad] solicitando que hagan una colonia felina llamada [añadir el nombre propuesto por el grupo] en nuestro entorno. ¿Podrías ayudarnos con la estructura que debe seguir una solicitud de este tipo?*

Después, sería interesante explicar qué razones nos han impulsado como escuela a interesarnos por esta circunstancia y por qué consideramos importante abordarla. Para ello podemos utilizar el siguiente *prompt*: *"Siguiendo la solicitud anterior, ayúdanos a explicar formalmente por qué es importante solucionar este problema. Por ejemplo, los gatos [introducir el problema] y los vecinos se sienten [introducir el sentimiento y las quejas de los vecinos]. Mientras tanto, los gatos se sienten [introducir los resultados de los mapas de empatía]".*

Podemos seguir solicitando a la IA que nos indique cuáles son los beneficios de estas colonias: *"siguiendo la solicitud anterior, indica 10 ventajas que tengan las colonias felinas para la comunidad"*.

Por último, nos apoyaremos en ChatGPT para argumentar que hay otras experiencias positivas a nivel local, nacional e internacional: *siguiendo la solicitud anterior, redacta dos párrafos donde expliques que hay colonias felinas en el entorno, como la de [introducir el nombre] y a nivel internacional, como la de [introducir el nombre]. Estas colonias ayudan a los gatos callejeros a través de [introducir las acciones que llevan a cabo, recogidas en las fichas de la séptima sesión]*.

Una vez realizada esta tarea de forma conjunta, cada estudiante debe escribir su propia carta de solicitud para enviársela al ayuntamiento. Todas ellas serán enviadas a la institución y serán publicadas en la página web del centro.

En la **última sesión** de esta situación de aprendizaje, se llevará a cabo una difusión en redes sociales de esta iniciativa liderada por los estudiantes. Para ello, se pueden realizar diferentes acciones para dar a conocer su proyecto. Entre las opciones disponibles, se puede *elaborar un podcast* donde expliquen todo lo aprendido. También se pueden realizar *entrevistas* a vecinos y a la protectora para conocer su opinión sobre las colonias felinas. Otra posibilidad a explorar sería la *realización de un calendario gratuito* que se pueda descargar la comunidad, con fotografías tomadas por los propios estudiantes y que ponga de manifiesto la realidad de los gatos que viven en las calles del barrio. Para terminar, se podría plantear un *concurso de microcuentos* en dos categorías: una de niños y otra de adultos. En estos microrrelatos, cuya extensión no debe superar un "tweet" (280 caracteres), deben versar sobre los gatos de su comunidad.

En la Figura 5.6 se sintetizan las fases y las sesiones llevadas a cabo en esta situación de aprendizaje.

Evaluación

A continuación, se presenta una propuesta para evaluar la situación de aprendizaje, alineada con los objetivos de aprendizaje establecidos.

Escala de evaluación

Las escalas de evaluación permiten valorar el nivel de logro de un aprendizaje, estableciendo la frecuencia o el grado de su consecución. En la Tabla 5.1 se presenta una rúbrica de evaluación con sus respectivos indicadores:

Figura 5.6. *Fases de la situación de aprendizaje.* Ciudadanos globales, gatos felices

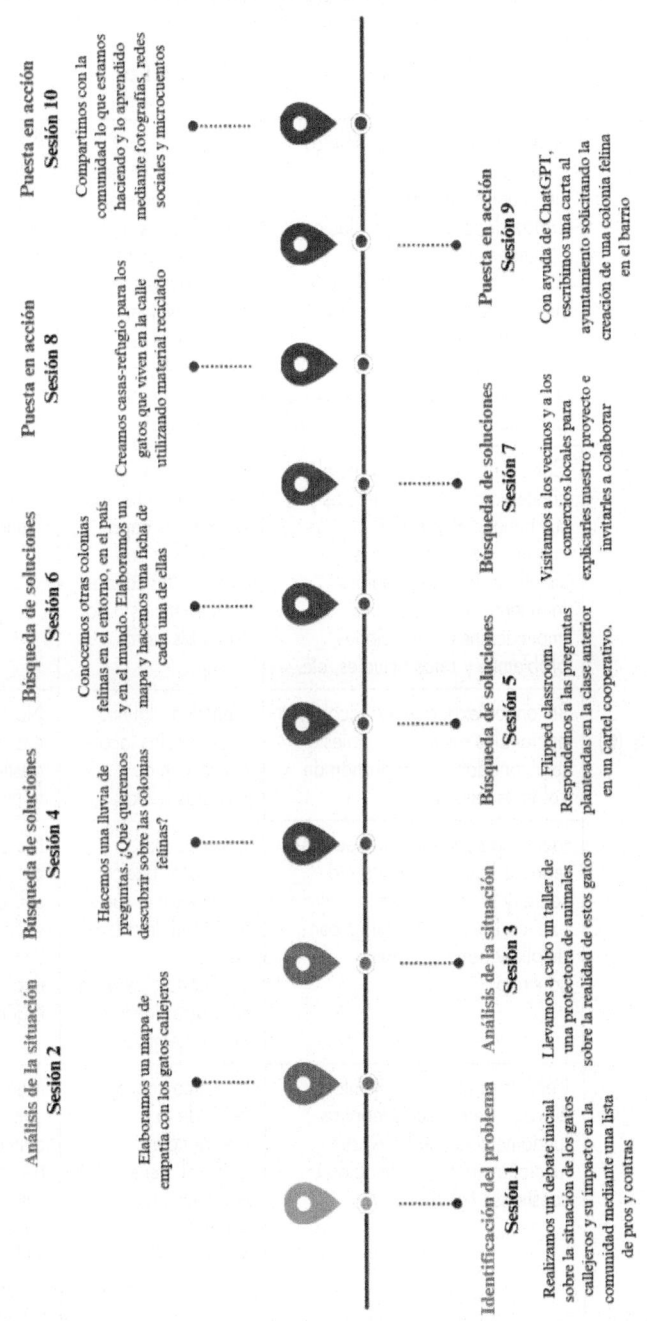

TABLA 5.1. Escala de evaluación			
Categoría	**Excelente**	**Bueno**	**Necesita Mejorar**
Conocimientos (C)	Muestra conocimientos sólidos sobre bienestar animal y derechos de los animales; es capaz de identificar y relacionar cuestiones sustanciales y argumentar ideas. Identifica y argumenta de forma clara y coherente las ventajas e inconvenientes del impacto de los gatos callejeros desde diferentes perspectivas.	Muestra conocimientos sobre bienestar animal y los derechos de los animales. Identifica las ventajas e inconvenientes del impacto de los gatos callejeros desde diferentes perspectivas.	No evidencia conocimientos sobre bienestar animal y derechos de los animales.
	Comprende perfectamente el concepto de colonias felinas y sus beneficios para la comunidad; es capaz de sintetizar, poner ejemplos, identificar beneficios, implicaciones, condiciones, problemas y retos actuales, etc.	Reconoce qué son las colonias felinas, pero no es capaz de explicar con argumentos sólidos sus beneficios o dar ejemplos claros.	No comprende qué son las colonias felinas.
	Reconoce experiencias locales, nacionales e internacionales relacionadas con la gestión de colonias felinas.	Identifica algunas experiencias locales de gestión de colonias felinas.	No reconoce experiencias de gestión de colonias felinas.
	Identifica conceptos y aspectos teóricos ligados a la justicia social y la sostenibilidad; sabe explicarlos y contrastarlos con detalle y poner ejemplos concretos.	Entiende los conceptos básicos sobre justicia social y sostenibilidad; es capaz de explicarlos, pero sin contrastar ideas o poner ejemplos.	No comprende conceptos básicos sobre justicia social y sostenibilidad; no es capaz de explicarlos o poner algún ejemplo.
	Demuestra un conocimiento elevado de aspectos teóricos fundamentales de la IA, su funcionamiento y aplicación en cuestiones concretas.	Identifica conceptos clave de la inteligencia artificial; tiene nociones básicas sobre su funcionamiento y aplicación práctica.	Muestra escasa comprensión de los conceptos básicos de la inteligencia artificial; no es capaz de explicar su funcionamiento o aplicarlos en cuestiones concretas.

→

→

TABLA 5.1 (CONT.). ESCALA DE EVALUACIÓN			
Categoría	**Excelente**	**Bueno**	**Necesita Mejorar**
Habilidades (H)	Coopera eficazmente con el resto de los estudiantes, mostrando una amplia empatía, habilidades, capacidad de entendimiento y logro de acuerdos comunes consensuados.	Colabora de una forma adecuada con los demás estudiantes, mostrando comprensión y empatía.	Evidencia dificultades para trabajar con otros estudiantes, mostrando poca empatía y comprensión mutua.
	Muestra alta capacidad y claridad para realizar un análisis crítico y reflexivo sobre problemas comunitarios; contrasta diferentes niveles de análisis, elementos, retos, dificultades, etc.	Es capaz de pensar críticamente sobre problemas comunitarios y reflexionar sobre ellos.	No manifiesta claridad de ideas sobre la problemática.
	Elabora cartas formales con argumentos sólidos, bien estructurados, coherentes, claros y solventes.	Escribe cartas formales con argumentos sencillos y organizados.	Tiene dificultades para escribir, desarrollar ideas y organizar cartas formales.
Valores y actitudes (VA)	Tolera y respeta las ideas de los demás en el desarrollo de actividades. Muestra una elevada conciencia y compromiso social; igualmente, una clara actitud emprendedora y proactiva en el desarrollo y organización de las actividades.	Demuestra respeto hacia las ideas y opiniones diferentes durante las actividades.	No muestra suficiente respeto por los demás durante las actividades grupales; no es capaz de colaborar o considerar opiniones contrarias.

Fuente: elaboración propia.

Registro de anécdotas o incidentes

Son herramientas que recogen, usando fichas similares a la que se muestra en la Figura 5.7 anécdotas, episodios o sucesos específicos ocurridos durante el proceso de observación. Estos registros permiten a los docentes capturar comportamientos imprevistos o fuera de lo común, que ofrecen información valiosa para evaluar diversas dimensiones del aprendizaje, como carencias, actitudes, habilidades sociales, entre otras. En el contexto de la situación de aprendizaje planteada, algunas de las preguntas que se pueden formular serían, por ejemplo: ¿participa activamente en los debates grupales?, ¿demuestra empatía hacia los diferentes actores sociales involucrados en la problemática?, ¿es capaz de llegar a ideas consensuadas?, ¿colabora de manera creativa en el diseño de soluciones prácticas e innovadoras?, ¿es capaz de identificar claramente los problemas?, ¿muestra respeto por las ideas de los demás durante los debates?, ¿reconoce las diversas dimensiones del proyecto y cómo se interrelacionan?, ¿es capaz de reflexionar sobre las implicaciones éticas y sociales de las soluciones propuestas?, entre otras.

Figura 5.7. *Registro de anécdotas*

Fecha	Suceso observado

Fuente: elaboración propia.

Este enfoque no solo permite valorar el desempeño académico, sino también el desarrollo de competencias sociales y emocionales, promoviendo una evaluación más integral del estudiante.

Lista de cotejo

Esta herramienta registra la ausencia o presencia de un determinado rasgo, desempeño o conducta. En la Figura 5.8 se presenta una posible lista de cotejo.

Figura 5.8. *Lista de cotejo*

Criterio de evaluación	Sí	No
Participa activamente en el intercambio de ideas y reflexiones grupales.		
Propone soluciones creativas y viables basadas en la información recopilada.		
Analiza correctamente las ventajas e inconvenientes del impacto de los gatos callejeros.		
Identifica conceptos y aspectos teóricos básicos sobre justicia social y sostenibilidad.		

Fuente: elaboración propia.

Portafolio de aprendizaje

El portafolio es una herramienta educativa que recopila el trabajo del estudiante a lo largo de un periodo determinado. Su propósito es ofrecer un espacio para documentar, revisar y analizar los avances en el proceso de aprendizaje. A través del portafolio, los estudiantes pueden reflejar su evolución y evidenciar sus logros. Además, permite a los docentes obtener una visión más completa del proceso de aprendizaje de cada estudiante, no solo a través de los resultados finales.

Desde la primera sesión de esta situación de aprendizaje, podemos solicitar a los estudiantes que comiencen a construir su propio portafolio. Este proceso debe ser gradual. Entre las evidencias que pueden incluirse se encuentran artículos de noticias relacionadas con la temática, fotografías, reflexiones personales y diversas producciones que surjan durante el proceso.

El portafolio no solo puede funcionar como un registro del proceso desarrollado, sino también como una herramienta para fomentar la autoevaluación y la reflexión. Los estudiantes pueden hacer un seguimiento de su progreso, identificar sus fortalezas y reconocer las áreas en las que necesitan mejorar. Por tanto, como docentes, podemos utilizarlo durante todo el proceso para promover la autonomía de los estudiantes. A medida que el portafolio se va desarrollando, puede convertirse en una herramienta de comunicación continua entre el estudiante y el docente, facilitando la retroalimentación constante.

Espacios y recursos

Esta situación de aprendizaje se desarrollará principalmente en el centro educativo y, en concreto, en el aula de referencia. No obstante, si no se dispone de ordenadores o tabletas para el alumnado en dicha aula, podría ser preciso utilizar el aula de informática (Sesiones 4, 6, 9 y 10). Por otro lado, la tercera sesión también sería factible realizarla en el espacio de la protectora; en caso contrario, se realizaría en el aula. Por su parte, la séptima sesión se desarrollará en las calles del entorno, por lo que precisaremos apoyo de otros compañeros para salvaguardar la seguridad de los estudiantes. También es esencial disponer del siguiente material para las distintas sesiones:

- *Recursos digitales y tecnológicos*: pizarra digital o proyector (Sesiones 1, 4, 6 y 9); tabletas u ordenadores (Sesiones 1, 4, 6, 9 y 10); recursos docentes en formato papel con información sobre las colonias felinas (Sesión 5); micrófonos o smartphone (Sesión 10) y ChatGPT (Sesión 9).
- *Recursos materiales*: cartulinas (Sesión 1); pinturas (Sesiones 1, 5 y 8); una caja de cartón (Sesión 2); folios (Sesión 9); material reciclado (Sesión 8) y materiales para pegar (Sesión 8).

– *Recursos docentes*: mapa de empatía (Sesión 2); recursos en formato papel con información sobre las colonias felinas (Sesión 4) y ficha técnica de las colonias felinas (Sesión 6).

RESUMEN

Como educadores, es fundamental que nuestros estudiantes comprendan que los problemas locales están conectados con desafíos globales y que sus acciones pueden generar un impacto real en su comunidad.

SÍNTESIS

Representación visual de los elementos principales que articulan esta experiencia de aprendizaje.

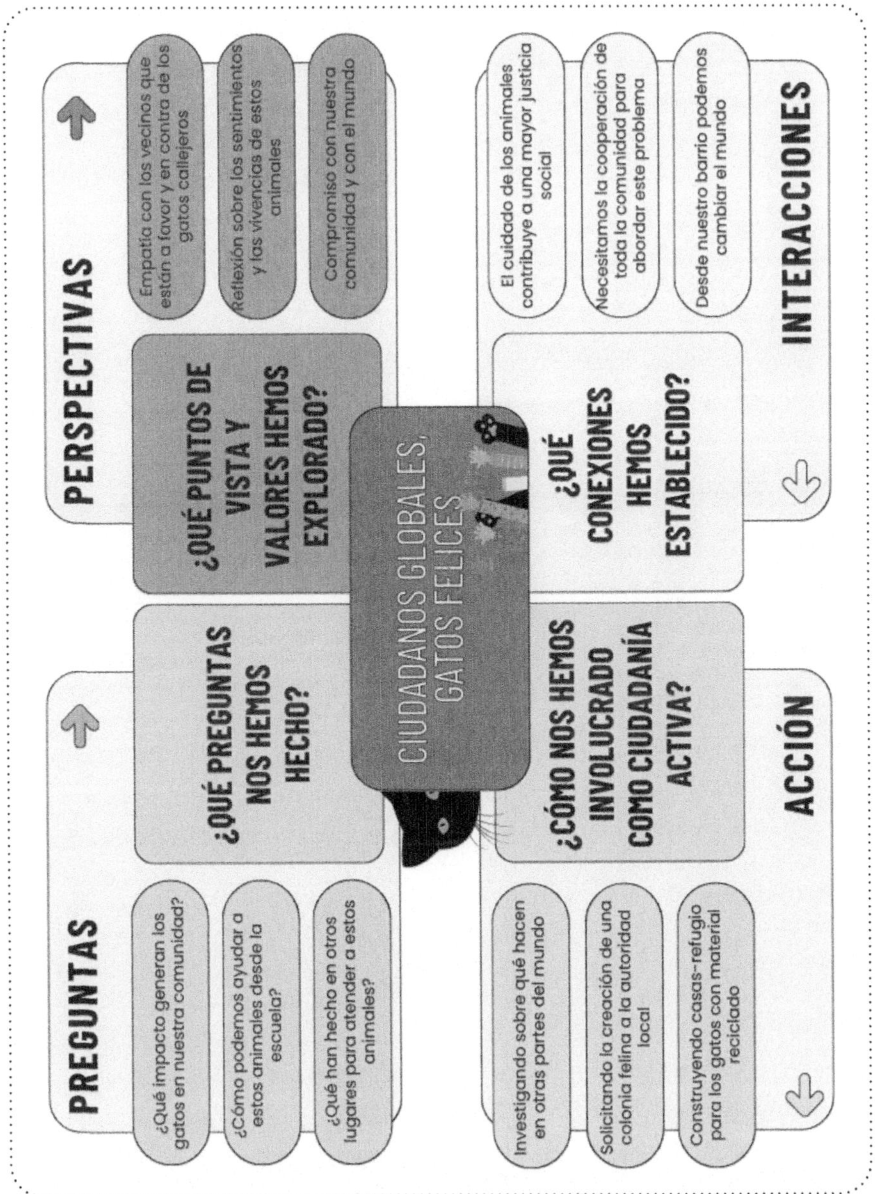

PERSPECTIVAS

Empatía con los vecinos que están a favor y en contra de los gatos callejeros

Reflexión sobre los sentimientos y las vivencias de estos animales

Compromiso con nuestra comunidad y con el mundo

¿QUÉ PUNTOS DE VISTA Y VALORES HEMOS EXPLORADO?

INTERACCIONES

El cuidado de los animales contribuye a una mayor justicia social

Necesitamos la cooperación de toda la comunidad para abordar este problema

Desde nuestro barrio podemos cambiar el mundo

¿QUÉ CONEXIONES HEMOS ESTABLECIDO?

CIUDADANOS GLOBALES, GATOS FELICES

PREGUNTAS

¿QUÉ PREGUNTAS NOS HEMOS HECHO?

¿Qué impacto generan los gatos en nuestra comunidad?

¿Cómo podemos ayudar a estos animales desde la escuela?

¿Qué han hecho en otros lugares para atender a estos animales?

ACCIÓN

¿CÓMO NOS HEMOS INVOLUCRADO COMO CIUDADANÍA ACTIVA?

Investigando sobre qué hacen en otras partes del mundo

Solicitando la creación de una colonia felina a la autoridad local

Construyendo casas-refugio para los gatos con material reciclado

6

El paisaje lingüístico-visual como herramienta para el desarrollo de la competencia global en adolescentes

Leticia Santana Negrín
Coral González García

El espacio público es el escenario donde se despliega la vida humana.

Hannah Arendt

INTRODUCCIÓN

En un mundo cada vez más interconectado, donde la comunicación tiende a ser predominantemente visual y multimodal, es necesario preparar al alumnado para comprender y analizar de manera crítica los mensajes que recibe a diario. En este sentido, el marco de la OCDE sobre el desarrollo de la competencia global (OCDE, 2018) destaca la necesidad de que el estudiantado aprenda a interpretar la información de forma crítica, ya que los medios gráficos y digitales juegan un papel clave en la formación de opiniones y actitudes.

El paisaje lingüístico y visual del entorno —los carteles, señales, grafitis, rótulos y anuncios que nos rodean— no solo refleja ideologías y valores, sino que también moldea nuestra percepción del mundo. Trabajar el análisis y la producción de estos mensajes en el ámbito educativo permite una transferencia directa de los aprendizajes al espacio cotidiano, dotando a los jóvenes de herramientas para cuestionar, reinterpretar y transformar su realidad.

Para trabajar la competencia global, en este capítulo se plantea *una situación de aprendizaje*, titulada *Paisajes que hablan: transforma tu entorno para una sociedad más justa*, diseñada para un alumnado de 12 a 16 años. A lo largo de esta experiencia, se pretende promover la reflexión crítica sobre el impacto del paisaje lingüístico y visual, entendido como el conjunto de textos escritos que aparecen en el espacio público y que reflejan relaciones de poder, identidad y diversidad, según la definición de Pons (2012). Para ello, los estudiantes deben explorar cómo estos elementos influyen en la conciencia colectiva y en la promoción de valores fundamentales para la convivencia, realizando un análisis y posterior producción de mensajes con un enfoque orientado a la inclusión, la sostenibilidad y la equidad. En esta situación de aprendizaje, a través de la metodología de Aprendizaje-Servicio (ApS), se pretende desarrollar habilidades de aprendizaje social y emocional, que no solo contribuyen al desarrollo integral del estudiantado, sino que también se alinean con las capacidades y habilidades que definen a una ciudadanía global, esenciales para enfrentar los desafíos del siglo XXI (Reimers y Chung, 2016), como la capacidad de analizar críticamente la realidad, comprender múltiples perspectivas y participar de manera ética y responsable en la sociedad.

La organización de esta situación de aprendizaje se estructura en *cuatro* fases, todas ellas conectadas con las dimensiones de la competencia global:

- En la *Fase 1: redescubriendo nuestro entorno visual*, se realizará una exploración y toma de conciencia del paisaje lingüístico y visual mediante un paseo exploratorio, donde los estudiantes observarán carteles y señales en el centro escolar y sus alrededores, y conversarán con vecinos sobre los mensajes de su entorno. Posteriormente, en el aula, se intercambiarán impresiones y se creará un mapa colaborativo utilizando herramientas digitales.

- En *la Fase 2: la mirada crítica: un análisis a fondo*, se llevará a cabo un análisis crítico de los materiales recopilados, clasificándolos en categorías como sostenibilidad, género, interculturalidad y accesibilidad, y comparándolos con ejemplos de buenas prácticas.

- *La Fase 3: reimaginando nuestro entorno,* se enfocará en la creación de propuestas de mejora, donde los estudiantes diseñarán carteles basados en un decálogo de buenas prácticas, adoptando el rol de prosumidores.

- Finalmente, en la *Fase 4: de la imaginación a la acción: muestra abierta,* se presentarán los resultados a la comunidad escolar, y se instalarán los nuevos mensajes diseñados para promover la sensibilización y la reflexión sobre el impacto de la comunicación visual en la transformación social.

Como resultado de esta iniciativa, el estudiantado participará en acciones que promueven la colaboración entre personas de diversos orígenes culturales y sociales, la inclusión, el bienestar colectivo y el respeto por la diversidad.

OBJETIVOS DEL CAPÍTULO

En consonancia con estos propósitos generales, se establecen los siguientes objetivos para esta situación de aprendizaje:

- *Diseñar una situación de aprendizaje dirigida a estudiantes de entre 12 y 16 años* para desarrollar la competencia global mediante el análisis crítico del paisaje lingüístico y visual.
- *Presentar una propuesta didáctica para conectar el análisis crítico del entorno con la acción social,* destacando el papel protagonista del estudiantado como agente de cambio en su comunidad y en un contexto global.
- *Formar a los estudiantes en el pensamiento crítico y promover una ciudadanía activa y con perspectiva global,* fortaleciendo el compromiso del alumnado en la difusión de valores que contribuyan a una sociedad más justa y sostenible.

SITUACIÓN DE APRENDIZAJE: *PAISAJES QUE HABLAN: TRANSFORMA TU ENTORNO PARA UNA SOCIEDAD MÁS JUSTA*

Contexto

Esta situación de aprendizaje se desarrolla en un instituto de educación secundaria en España, ubicado en una comunidad rural caracterizada por su diversidad cultural, social y económica. El centro educativo, que se encuentra en un entorno natural privilegiado, facilita a los estudiantes la interacción directa con su entorno social y cultural, lo que les permite observar las dinámicas entre las diversas culturas y tradiciones que coexisten en la zona.

Estudiar en un contexto multicultural ofrece tanto oportunidades como desafíos, que requieren un enfoque educativo reflexivo y adaptado. La diversidad cultural permite a los estudiantes analizar cuestiones locales y globales (Dimensión 1 de la competencia global según la OCDE) y desarrollar empatía hacia diferentes perspectivas (Dimensión 2). No obstante, la interacción entre culturas y los desafíos inherentes a la adolescencia pueden generar tensiones que complican la convivencia, tanto en el ámbito educativo como a nivel local. En este contexto, resulta fundamental promover una comunicación intercultural efectiva, que incluya de manera activa a los grupos vulnerables y excluidos (Dimensión 3) y que genere conciencia en el estudiantado acerca de la importancia de cuidar su entorno. Por esta razón, para promover la armonía y la inclusión, se necesita fortalecer las conexiones interpersonales y poner en marcha acciones que favorezcan el bienestar colectivo y la sostenibilidad (Dimensión 4).

El centro, entre sus principales líneas de actuación, incluye un proyecto piloto centrado en el uso de metodologías activas, con el objetivo de promover la interdisciplinariedad y el aprendizaje basado en competencias. Así, todos los departamentos están estrechamente involucrados, favoreciendo un entorno de aprendizaje colaborativo e interdisciplinar. Las aulas, con una ratio de entre 20 y 25 estudiantes, permiten una atención personalizada, lo que favorece la participación activa de todos los estudiantes en proyectos colaborativos y la adquisición de competencias clave para el siglo XXI.

Propósito de aprendizaje

La propuesta didáctica presentada en este capítulo tiene como finalidad desarrollar la competencia global en estudiantes de 12 a 16 años mediante una situación de aprendizaje basada en la metodología de *Aprendizaje-Servicio*. A través del análisis crítico del paisaje lingüístico-visual, entendido no solo como el conjunto de textos escritos presentes en el entorno, sino también como la interacción de estos con imágenes y otros elementos visuales, se busca promover la reflexión sobre cómo dichos mensajes pueden reflejar y fomentar valores de sostenibilidad, igualdad e inclusión en un sentido amplio. Asimismo, esta propuesta pretende potenciar habilidades de comunicación digital mediante el uso de herramientas tecnológicas para la creación de mensajes inclusivos con impacto social, el mapeo y análisis de información, así como el diseño de esquemas y carteles, favoreciendo así un aprendizaje interdisciplinar y comprometido con la realidad social. Todo ello parte de la pregunta *¿Cómo afectan los carteles y los mensajes que vemos a diario a nuestra forma de ver la sociedad, y qué podemos hacer para construir un entorno más inclusivo y sostenible?* En las Figuras 6.1 y 6.2 se muestran los aspectos que se abordan en las diferentes dimensiones.

Figura 6.1. *Conocimientos, habilidades, valores y actitudes abordados en la situación de aprendizaje propuesta*

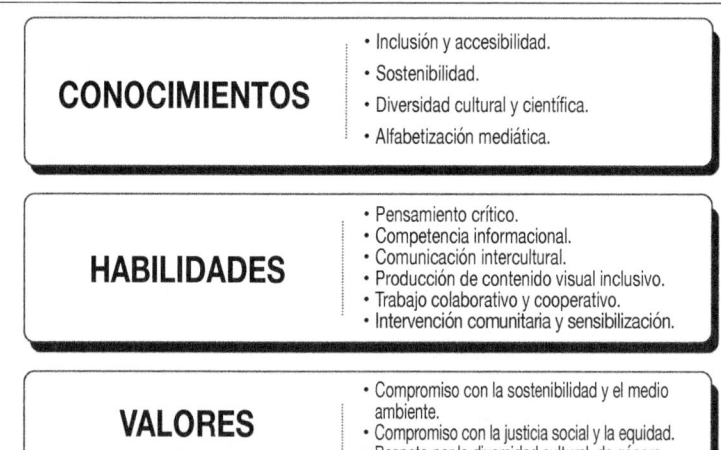

Fuente: elaboración propia.

Figura 6.2. *Aspectos trabajados en la situación de aprendizaje en relación con las cuatro dimensiones de la competencia global definidas por la OCDE (2018)*

Examinar cuestiones de importancia local, global y cultural
- Desarrollo del pensamiento crítico sobre el impacto de los mensajes en la sociedad, aplicando habilidades como la argumentación basada en evidencias y el análisis de relaciones entre fenómenos.
- Análisis del paisaje desde la sostenibilidad, la inclusión y equidad, considerando la globalización en la construcción del paisaje lingüístico-visual.
- Alfabetización mediática y multimodal para evaluar críticamente los mensajes.
- Comparación del paisaje lingüístico-visual en distintos contextos para reconocer cómo se representan las diversidad y la accesibilidad en el espacio público.

Comprender y apreciar las perspectivas y visión del mundo de otras personas
- Reflexión sobre la representación y visibilización de diferentes grupos sociales en la cartelería, abordando la justicia social desde una perspectiva sistémica mundial.
- Sensibilización del alumnado hacia la diversidad cultural, el género y la accesibilidad, promoviendo el reconocimiento y respeto de creencias y perspectivas diversas.
- Desarrollo de la empatía a través del análisis de cómo la cartelería refleja valores, creencias y realidades sociales, pudiendo ser fuentes de desigualdad.

COMPETENCIA GLOBAL

Participar en interacciones adecuadas y efectivas entre culturas
- Análisis crítico del paisaje lingüístico: identificación de cómo diferentes culturas se representan o excluyen en el entorno.
- Diseño de intervenciones visuales que promuevan la diversidad lingüística y el respeto intercultural, fomentando una ciudadanía más inclusiva y consciente.
- Producción de carteles inclusivos que representen a grupos vulnerables y excluidos, favoreciendo su visibilidad y participación en el espacio público.
- Desarrollo de la cooperación eficaz en la creación de mensajes visuales que reflejen valores de diversidad e inclusión.

Actuar a favor del bienestar colectivo y el desarrollo sostenible
- Impulsa a la movilización del alumnado como agentes de cambio, promoviendo la acción colectiva para la transformación del entorno mediante intervenciones comunitarias en espacios públicos.
- Promoción de la dignidad humana a través de mensajes visuales que fomenten la equidad y el respeto a los derechos fundamentales.
- Desarrollo del espíritu emprendedor mediante la formulación de propuestas innovadoras que articulen la comunicación visual con el compromiso social y ambiental.

Fuente: elaboración propia.

Tarea o producto final

En esta situación de aprendizaje, el alumnado analizará críticamente el paisaje lingüístico y visual presente en el centro educativo y en su entorno más cercano. Al reflexionar sobre cómo se construyen los discursos visuales y su impacto social, se fomenta no solo el pensamiento crítico, sino también la responsabilidad ciudadana, impulsando la participación activa en la construcción de comunidades más conscientes y comprometidas con la realidad social. En este proceso, el alumnado también analizará cómo los mensajes que conforman su paisaje visual representan el compromiso con la sostenibilidad, la igualdad de género, la diversidad cultural y la inclusión de las personas con diversidad funcional, entendiendo el papel fundamental de estos valores en la construcción de una sociedad más justa. Además, el análisis de ejemplos de paisaje lingüístico en otros contextos nacionales e internacionales permitirá que los estudiantes desarrollen una visión más global del fenómeno, cuestionando sus propias referencias y relativizando aspectos naturalizados de su contexto.

A partir de este análisis, cada grupo de estudiantes diseñará un cartel, rótulo, anuncio, etc., enfocado en uno de los temas analizados, con el objetivo de transformar su entorno y promover la sensibilización sobre estos aspectos tanto en el contexto educativo como en la comunidad local.

La tarea final no solo consiste en crear mensajes visuales, sino en utilizar la cartelería como una herramienta de cambio. Los carteles y rótulos diseñados deberán ser accesibles y adecuados para la audiencia, incluyendo a estudiantes y habitantes del entorno rural, y transmitir un mensaje claro y efectivo que impulse la reflexión y la acción. El estudiantado también reflexionará sobre cómo el paisaje lingüístico y visual puede ser un vehículo para generar conciencia y promover la acción transformadora dentro de la comunidad educativa y el ámbito local, extendiendo la intervención a toda la comunidad para fortalecer los valores de inclusión, sostenibilidad y equidad.

Metodologías y estrategias didácticas

Utilizaremos el *Aprendizaje-Servicio (ApS),* una metodología educativa que integra el aprendizaje de los estudiantes con las necesidades sociales de una comunidad. Se basa en pedagogías activas, aunque se diferencia en que esta metodología conecta el aprendizaje académico con contextos reales, promoviendo la utilidad social (Trilla, 2009). Esta metodología no solo permite que el estudiantado adquiera conocimientos y competencias, sino que también se involucre en acciones que generan un impacto positivo en su entorno.

De acuerdo con Marques et al. (2021), el Aprendizaje-Servicio es una metodología educativa experiencial que integra la formación académica con la acción social, promoviendo un aprendizaje recíproco entre quienes prestan el servicio y quienes lo reciben. Esta metodología sitúa al alumnado como agente central del proceso, favoreciendo la adquisición de conocimientos disciplinares mientras se responde a las necesidades de la comunidad y se fortalecen habilidades transversales clave para su desarrollo personal y profesional. Todo esto hace que el ApS favorezca en el alumnado el desarrollo de competencias fundamentales para la sociedad actual, como son la empatía, la solidaridad, el pensamiento crítico, la creatividad y la responsabilidad social (Lejárraga, Lucas y Nieto, 2023), que están estrechamente relacionadas con el desarrollo de una ciudadanía global. Esta metodología, por tanto, fortalece valores como la solidaridad, la equidad y la inclusión, lo que prepara al alumnado para su futuro como ciudadanos con un fuerte compromiso y sentido de la responsabilidad.

En la situación de aprendizaje planteada, la metodología ApS ocupa un papel central, ya que permite que los estudiantes trabajen conocimientos y competencias específicas del currículo, mientras reflexionan sobre el impacto del paisaje visual y lingüístico en su comunidad. A través de este proceso, el alumnado toma conciencia de la importancia de la comunicación, y participa activamente en la transformación de su entorno mediante la creación e instalación de carteles más inclusivos y accesibles. De este modo, el ApS se convierte en una herramienta educativa motivadora que fortalece el aprendizaje académico, además de fomentar la responsabilidad social (Figura 6.3).

Figura 6.3. *Objetivos del ApS*

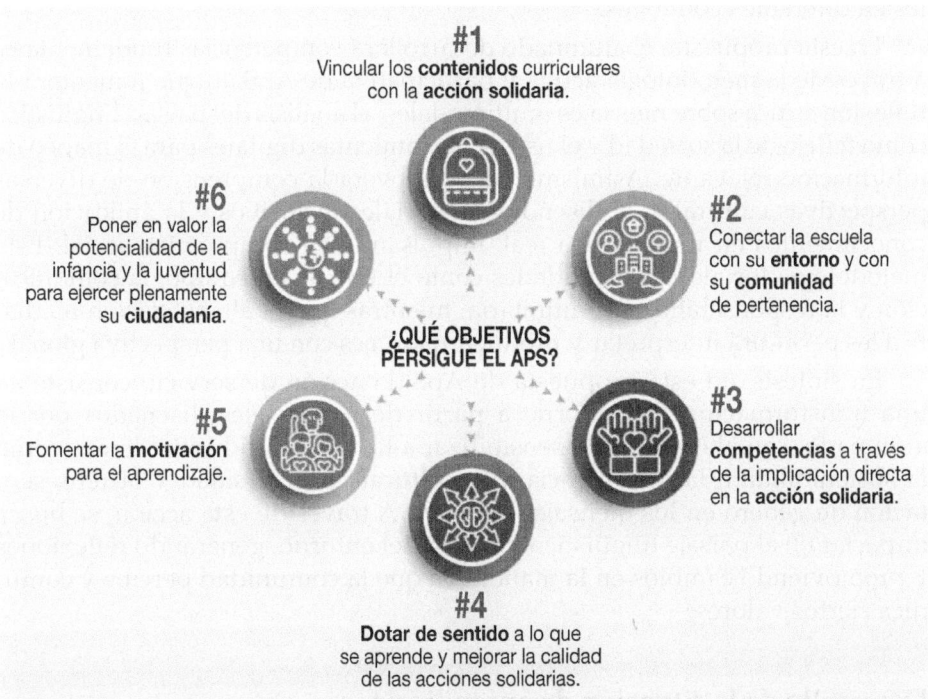

Fuente: infografía extraída de la web de la Subdirección Territorial de Cooperación Territorial e Innovación Educativa del Ministerio de Educación, Formación Profesional y Deportes (2023).

Por otra parte, la alfabetización mediática, entendida como la capacidad de analizar, evaluar y producir contenidos en distintos formatos de manera crítica y reflexiva (UNESCO, s.f.), cobra especial relevancia en la actualidad. Integrar la alfabetización mediática en proyectos de ApS permite que los estudiantes comprendan la importancia del mensaje en el espacio público, y que se conviertan en creadores de contenidos responsables.

Este enfoque resulta fundamental en la situación de aprendizaje propuesta, ya que implica la observación, el análisis y la mejora de la cartelería y otros elementos comunicativos multimodales presentes en su día a día. En esta experiencia, el estudiantado debe examinar los mensajes visuales en su contexto, identificar patrones de exclusión, estereotipos o barreras de accesibilidad, además de promover la creación de propuestas más inclusivas, equitativas y representativas. Por otra parte, el uso de herramientas digitales para la difusión de su trabajo (redes sociales, blogs, campañas de sensibilización) refuerza su capacidad de comunicación, promoviendo un uso crítico y reflexivo de la información, al tiempo que les permite acercarse a cómo se desarrolla este fenómeno en otros lugares del mundo, ampliando su visión y comprendiendo las implicaciones culturales y sociales de los mensajes visuales en diferentes contextos.

En esta propuesta, el alumnado desarrollará competencias fundamentales a través de la metodología activa y participativa de ApS, lo que fomentará la reflexión crítica sobre mensajes multimodales, el análisis del paisaje lingüístico como reflejo de la sociedad y el uso de herramientas digitales para el mapeo de información relevante. Asimismo, se promoverá la comprensión de diversas perspectivas culturales, el diseño de materiales inclusivos y la aplicación de conocimientos en un contexto real, impulsando su compromiso social. Esta metodología fortalecerá habilidades como el trabajo en equipo, la comunicación y la responsabilidad comunitaria, mientras que la alfabetización mediática les permitirá interpretar y producir mensajes con una perspectiva global.

En síntesis, en esta propuesta de ApS, la acción de servicio consiste en una transformación del entorno a partir de los carteles diseñados por el alumnado, con el objetivo de sensibilizar a la comunidad sobre temas como la sostenibilidad, la convivencia intercultural, la diversidad y la representación de género en los mensajes visuales. A través de esta acción, se busca impactar en el paisaje lingüístico y visual del entorno, generando reflexiones y promoviendo cambios en la manera en que la comunidad percibe y comunica ciertos valores.

Desarrollo de la situación de aprendizaje

Para la implementación de esta situación de aprendizaje, primero se tendrán en cuenta los principios del enfoque ApS. Esta metodología consta de tres etapas fundamentales (como se muestra en la Figura 6.4), que comienzan con la *preparación de la propuesta*. En esta etapa, se presenta la idea general, y se establecen las alianzas pertinentes dentro del centro educativo y con la comunidad; asimismo, es necesario llevar a cabo una planificación detallada del proyecto. Durante esta primera etapa, se pondrá especial énfasis en involucrar al alumnado de manera activa, subrayando la relevancia de sus opiniones, ideas y creaciones, para fomentar un sentido de pertenencia y compromiso con la tarea.

A continuación, en la segunda etapa (en la que se engloba nuestra situación de aprendizaje), se desarrollará la *ejecución del proyecto*. En primer lugar, se organiza al grupo según sus roles y responsabilidades, asegurando la disponibilidad de las herramientas necesarias para la implementación y ajustando los detalles pertinentes. Posteriormente se realizará la implementación práctica, en la que se llevan a cabo las actividades planificadas, integrando el aprendizaje con el servicio a la comunidad, mientras se fomenta la reflexión continua y el seguimiento del proceso. Finalmente, se procederá al cierre de la experiencia, en el que se comparten las vivencias del grupo y se muestran los resultados a la comunidad.

Por último, se llevará a cabo la *evaluación*, para valorar los logros alcanzados y las áreas de mejora. Se realizará una evaluación multifocal, en la que participará tanto el alumnado como el profesorado, y también la comunidad y las organizaciones involucradas. En esta fase se analizarán los aprendizajes adquiridos y los efectos del proyecto en la comunidad, utilizando diferentes instrumentos de recogida de información, como encuestas, listas de cotejo y observaciones, como se verá posteriormente.

Figura 6.4. *Etapas en una experiencia de Aprendizaje-Servicio*

Etapas en una experiencia de Aprendizaje-Servicio

1

Preparación

1. Esbozo de la idea
2. Relación con entidades sociales
3. Planificación del proyecto

2

Realización

4. Preparación con el grupo
5. Ejecución con el grupo
6. Cierre con el grupo

3

Evaluación

7. Evaluación multifocal

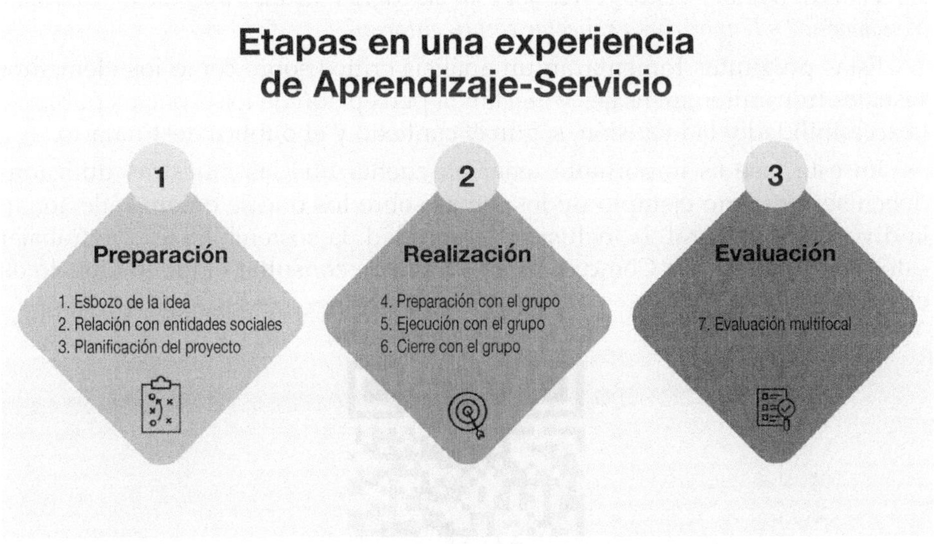

Fuente: modificado de *¿Cómo desarrollar un proyecto de aprendizaje servicio?* Red española de Aprendizaje-Servicio (2021).

Una vez descritos los pasos necesarios para implementar correctamente esta propuesta didáctica basada en la metodología ApS, a continuación nos centraremos en la etapa de realización del proyecto, que constituye el núcleo de nuestra situación de aprendizaje.

Presentación y concienciación

En esta **sesión inicial**, se introducirá el concepto de paisaje lingüístico y visual, entendiendo que abarca no solo los carteles, sino también grafitis, murales, letreros, pegatinas y cualquier otro elemento comunicativo que se encuentre en el espacio público. Para facilitar la comprensión, se presentarán ejemplos de estos elementos visuales procedentes de distintos contextos, como entornos rurales, urbanos, culturales o sociales diversos.

A continuación, se plantearán preguntas reflexivas para guiar el análisis del alumnado: *¿Qué crees que intenta comunicar este mensaje? ¿Lo entiendes fácilmente o cambiaría tu interpretación si fueras una persona mayor?* También se analizarán las imágenes, símbolos o colores que acompañan el mensaje: ¿Crees que estos elementos son universales o están muy ligados a una cultura o contexto específico? ¿El mensaje está pensado para personas de tu edad, o podría ser más claro para otro grupo? También se invitará al alumnado a reflexionar sobre si alguna vez se ha detenido a observar los carteles, grafitis o murales (el paisaje lingüístico) de su centro educativo o de su barrio, y qué tipo de mensajes recuerdan haber visto. *¿Crees que esos mensajes te ayudan a ser mejor ciudadano o ciudadana? ¿Te motivan a conectar con tu entorno?*

Estas preguntas fomentarán un análisis crítico sobre cómo los elementos visuales transmiten mensajes y afectan la percepción de los espacios públicos, la accesibilidad y la inclusión, según el contexto y el público destinatario.

En esta fase es importante tener en cuenta que las muestras utilizadas deben servir como ejemplo de los temas sobre los que se quiere reflexionar: la diversidad cultural, la inclusión, la equidad, la sostenibilidad… y trabajar estos conceptos clave. Como ejemplo, se puede consultar el vídeo alojado en el siguiente QR.

Fuente: elaboración propia.

Paseo exploratorio

En la **segunda sesión**, una vez que se haya entendido el concepto de paisaje lingüístico y habiendo ampliado su óptica a la realidad más allá del norte global (que es el contexto en el que se enmarca esta propuesta), se dividirá al alumnado en grupos heterogéneos (multiculturales, con distintas capacidades, de diferentes zonas, diferentes géneros…).

Después, recorreremos tanto el centro educativo como el área rural cercana (pueblo/localidad), recopilando imágenes de carteles, anuncios y señales, en espacios públicos o en tiendas, comercios, etc. En este caso, haremos uso de teléfonos móviles o tabletas del propio centro. Véanse algunos ejemplos de las muestras recogidas en la Imagen 6.1.

Imagen 6.1. *Muestra de distintos tipos de paisaje lingüístico-visual*

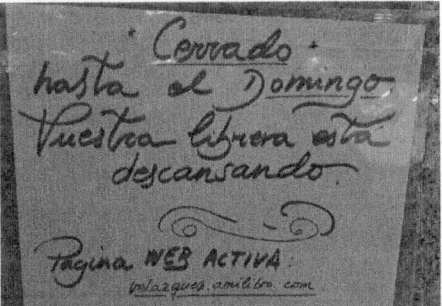

Fuente: elaboración propia.

Por último, se llevará a cabo una conversación entre el alumnado y la comunidad para recoger diversas perspectivas sobre los signos visuales del entorno. Se registrarán opiniones sobre la claridad, relevancia y representación de los mensajes, su accesibilidad y conexión con el contexto cultural. Además, se evaluará si el paisaje lingüístico es significativo para la ciudadanía y cómo mejorar su impacto (para facilitar la tarea, se proporcionará una ficha de observación como la de la Figura 6.5). También se analizará la ubicación de los mensajes en el espacio público para optimizar su visibilidad. Esto permitirá a los estudiantes desarrollar una comprensión crítica sobre la eficacia comunicativa de los diferentes signos visuales en su entorno local.

Figura 6.5. *Propuesta de ficha de observación*

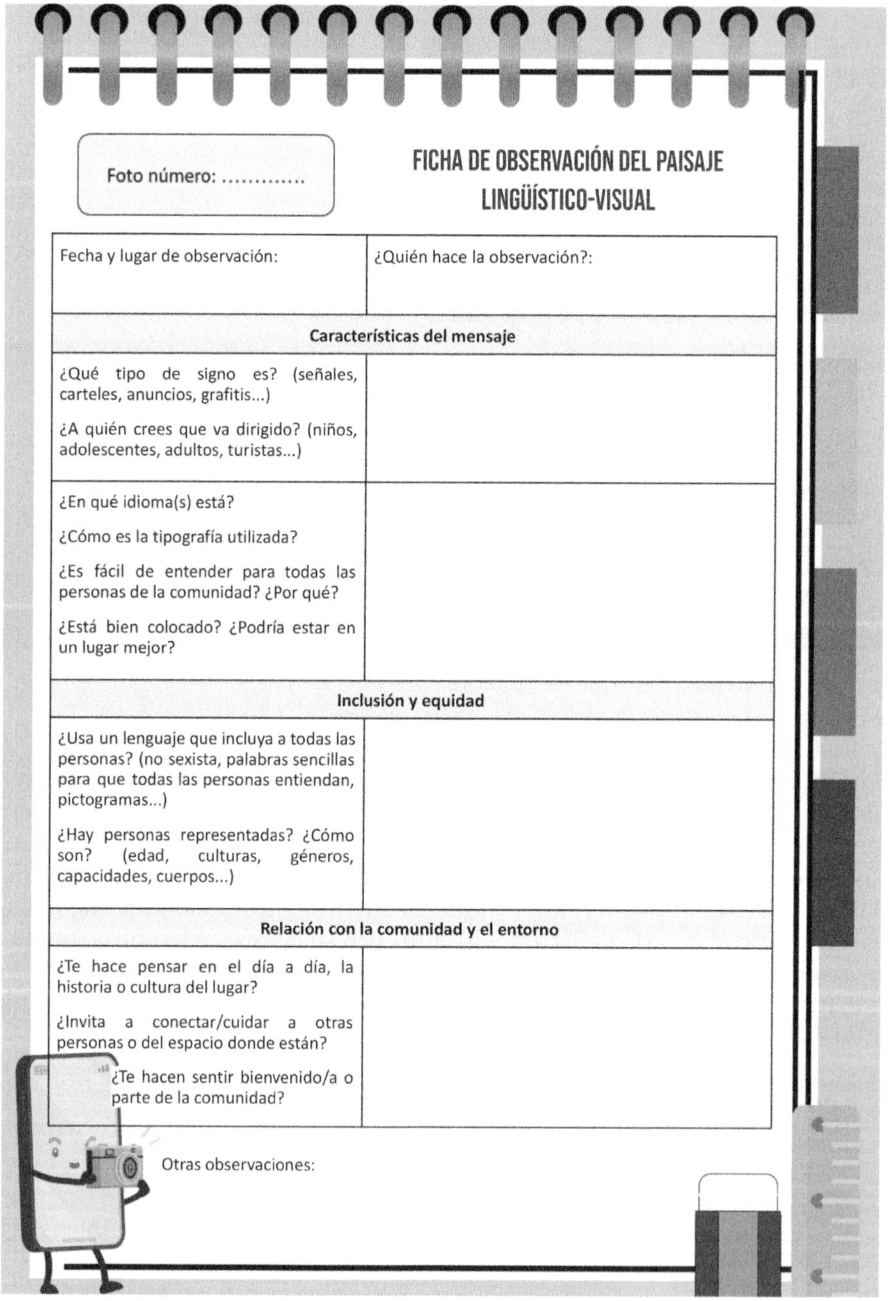

Foto número: ....

FICHA DE OBSERVACIÓN DEL PAISAJE LINGÜÍSTICO-VISUAL

Fecha y lugar de observación:	¿Quién hace la observación?:
Características del mensaje	
¿Qué tipo de signo es? (señales, carteles, anuncios, grafitis...) ¿A quién crees que va dirigido? (niños, adolescentes, adultos, turistas...)	
¿En qué idioma(s) está? ¿Cómo es la tipografía utilizada? ¿Es fácil de entender para todas las personas de la comunidad? ¿Por qué? ¿Está bien colocado? ¿Podría estar en un lugar mejor?	
Inclusión y equidad	
¿Usa un lenguaje que incluya a todas las personas? (no sexista, palabras sencillas para que todas las personas entiendan, pictogramas...) ¿Hay personas representadas? ¿Cómo son? (edad, culturas, géneros, capacidades, cuerpos...)	
Relación con la comunidad y el entorno	
¿Te hace pensar en el día a día, la historia o cultura del lugar? ¿Invita a conectar/cuidar a otras personas o del espacio donde están? ¿Te hacen sentir bienvenido/a o parte de la comunidad?	

Otras observaciones:

Fuente: elaboración propia.

En el siguiente código QR, se pueden encontrar otros modelos de explotación didáctica presentes en el proyecto *Lenguas callejeras: paisajes colectivos de las lenguas que nos rodean. Guía para fomentar la conciencia sociolingüística crítica* de Martín Rojo, L., Cárdenas Neira, C., Molina Ávila, C. (2023).

Fuente: elaboración propia.

Intercambio de impresiones y elaboración de checklist

Una vez finalizado el recorrido y ya en el aula, en la **tercera sesión** cada grupo reflexionará sobre los mensajes recogidos a partir de la ficha de observación. También se recogerán en la ficha o en una hoja anexa las opiniones del alumnado del centro y de los vecinos respecto a estos elementos visuales.

A partir de estas primeras impresiones, se pedirá a cada grupo que, de forma colaborativa, elabore una *checklist* de valoración con criterios previamente acordados entre todos los grupos. Esta lista nos ayudará posteriormente a comprobar la adecuación de los carteles en función de aspectos como el uso de la lengua, la accesibilidad, la inclusividad y la presencia de mensajes implícitos o explícitos sobre sostenibilidad y comportamiento cívico. Para ello, se podrá colaborar con el profesorado del Departamento de Lengua (y Lenguas extranjeras) y del de Biología y Geología, entre otros. La pregunta que guíe a los estudiantes a la hora de diseñar la *checklist* será: *¿Qué características debe tener un mensaje en el espacio público para ser útil, comprensible, respetuoso y que conecte a la gente con su entorno?*

Clasificación de materiales y elaboración de esquemas

Con nuestra ayuda como docentes y guías en el proyecto, en la **cuarta sesión** cada grupo etiquetará las imágenes recopiladas en distintas categorías según los elementos a mejorar, como la inclusión, la accesibilidad, la igualdad de género, la llamada a la acción cívica o el cuidado del medioambiente, entre otros. Para ello, utilizarán la *checklist* de valoración elaborada en la fase anterior, identificando los puntos de los mensajes analizados que presentan deficiencias o pueden optimizarse.

Cuando tengan una visión general, podrán elaborar un esquema digital (con herramientas especializadas en la creación de esquemas, como Mindomo, Canva o CmapTools) que recoja los aspectos de mejora más habituales.

Elaboración de mapa colaborativo

Posteriormente, en la **quinta sesión**, y con la colaboración del Departamento de Tecnología (e incluso el de Geografía), se generará un plano del centro educativo mediante una herramienta que permita generar imágenes interactivas de manera colaborativa, como Canva o Thinglink; y un mapa de la localidad a través de una aplicación que permita su enriquecimiento (con vídeos, imágenes, marcadores, etc.) como EZ Map.

Después de elaborar estos recursos, representarán gráficamente las zonas exploradas y añadirán sus observaciones. Indicarán las áreas donde se han encontrado los ejemplos recogidos, señalando tanto aquellas con deficiencias en inclusividad o accesibilidad como las que constituyen buenas prácticas, de acuerdo con la *checklist* realizada en la actividad anterior.

De este modo, los estudiantes serán capaces de identificar qué aspectos se necesitan mejorar (mediante el análisis de la *checklist* y la creación de esquemas que reflejan los errores más frecuentes) y el lugar en el que realizar las mejoras (a través de la elaboración de planos/mapas).

Comparación con ejemplos globales

Tras presentar y debatir los esquemas con los resultados del análisis, en la **sexta sesión** introduciremos una variedad de ejemplos de paisaje lingüístico de diferentes regiones (Imagen 6.2), tanto a nivel nacional como internacional. Se incluirán muestras diversas que reflejen cómo el lenguaje, los símbolos y el diseño varían según el contexto cultural, social y geográfico.

Imagen 6.2. *Muestra de paisaje lingüístico y visual de diversas partes del mundo*

Fuente: A: elaboración propia usando Dall-e. B: Pérez, M. (2024, 4 de octubre). C: Blog de Agenda 21 en Escolapios Granada (s.f.).

Además, presentaremos buenas prácticas que pueden servir de inspiración para mejorar la comunicación en su propio entorno. A través del análisis crítico y la discusión en clase, los estudiantes compararán estos ejemplos con los mensajes presentes en su centro educativo y en su comunidad, reflexionando sobre cómo se expresan la inclusión, la diversidad y la sostenibilidad en distintos lugares del mundo.

Esta actividad les permitirá ampliar su mirada, ofreciéndoles una perspectiva más global, y les ayudará a comprender y apreciar las perspectivas y visiones del mundo de otras personas y valorar cómo el contexto influye en la forma en que los mensajes son diseñados y percibidos.

Elaboración del decálogo

Una vez analizadas las muestras recogidas, en la **séptima sesión** cada grupo elaborará de forma colaborativa el decálogo de *Paisajes que hablan: transforma tu entorno para una sociedad más justa*, con los principios clave para un paisaje lingüístico respetuoso, inclusivo y eficaz, en un sentido amplio, que recoja todos los valores trabajados. El proceso de creación permitirá reflexionar sobre la importancia de una comunicación que valore la diversidad y promueva la interacción abierta entre diferentes perspectivas. Llegar a este consenso también contribuirá a desarrollar su competencia global, ya que fomenta el diálogo respetuoso, la empatía y la inclusión de grupos marginados.

Finalmente, el decálogo se pondrá en común para llegar a un acuerdo colectivo y servirá de referencia en la fase siguiente para la creación de nuevos materiales que reflejen estos valores.

Diseño de carteles

En la **octava sesión**, en colaboración con el Departamento de Educación Plástica, Visual y Audiovisual, y partiendo del decálogo previamente elaborado, el alumnado diseñará distintos elementos del paisaje lingüístico que integren todos los aspectos necesarios para promover los valores que hemos venido trabajando.

En primer lugar, cada grupo realizará un boceto analógico o digital, que deberá recibir la retroalimentación y aprobación del equipo docente, para proceder a la creación de los modelos finales. Las propuestas finales serán presentadas en clase, donde se realizará una valoración tanto por parte del alumnado como del equipo docente, fomentando así la reflexión crítica y el aprendizaje colaborativo.

Presentación de resultados e instalación

En la **novena sesión**, el centro educativo organizará un evento público para exhibir las creaciones del alumnado, mostrando su proceso de elaboración y los elementos clave en su diseño. También se presentará un decálogo de buenas prácticas como referencia para futuras actualizaciones.

Los trabajos serán expuestos a estudiantes de otros cursos y a la comunidad educativa, y tanto familias como visitantes podrán compartir sus opiniones mediante encuestas accesibles por códigos QR, evaluando la claridad, inclusividad y efectividad de los mensajes.

Campaña de sensibilización

En la **décima y última sesión**, y gracias a la colaboración del Departamento de Tecnología, se realizará una campaña de difusión de los resultados a través de redes sociales, *blogs* y otros canales de comunicación del instituto o la localidad. El alumnado producirá contenido multimedia como vídeos, infografías, etc., para sensibilizar a la comunidad sobre la importancia de una comunicación responsable.

En la Figura 6.6 se resumen las fases y actividades de esta situación de aprendizaje.

Evaluación

La evaluación en el ApS debe ser formativa, con un seguimiento continuo que valore no solo los conocimientos, sino también el desarrollo integral del alumnado y el impacto del proyecto. A través de la reflexión y el autoanálisis, se evalúan competencias disciplinares y transversales. Para ello, esta situación de aprendizaje contempla diversos instrumentos de evaluación que se detallan a continuación.

Lista de cotejo

Evalúa la capacidad del alumnado en la identificación y exploración preliminar de los elementos visuales del entorno. Cada grupo completará una lista de cotejo durante la exploración (como la que se muestra en la Tabla 6.1), registrando los detalles relevantes. Los resultados se recopilarán para su discusión en clase.

Rúbrica de análisis crítico

Determina si el alumnado es capaz de analizar críticamente el paisaje visual de su entorno, organizando y clasificando los ejemplos según criterios específicos, identificando patrones y representando los resultados de manera clara y estructurada a través de esquemas visuales.

Figura 6.6. *Esquema de las fases y actividades de la situación de aprendizaje.*
Paisajes que hablan: transforma tu entorno para una sociedad justa

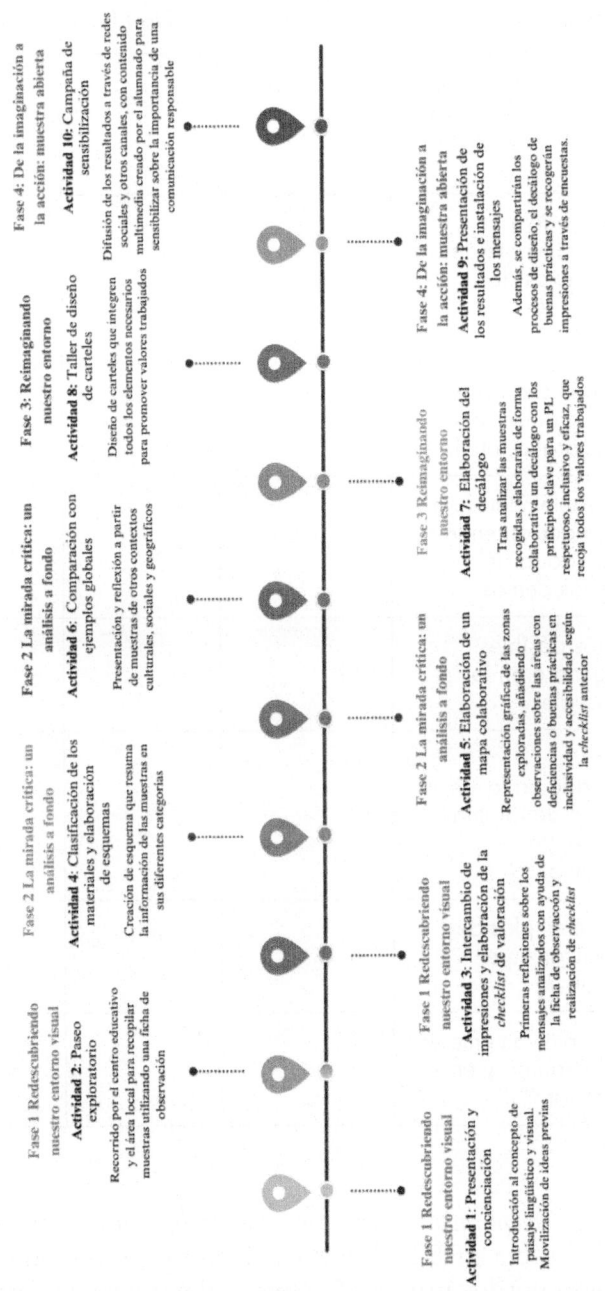

Fuente: elaboración propia.

TABLA 6.1. Lista de cotejo para la fase exploratoria del proyecto			
Criterios de observación	Sí (✓)	No (X)	Observaciones
1. Sabemos identificar diferentes tipos de mensajes en el entorno y a quién se dirigen.			
2. Hemos registrado la información relevante de al menos 5 ejemplos de mensajes (carteles, murales…).			
3. Evaluamos que sea accesible (uso de pictogramas, otros idiomas, tipografía, etc.).			
4. Identificamos elementos de llamada a la acción en los mensajes (cuidado del entorno, de los demás…).			
5. Reconocemos posibles sesgos de género en los mensajes visuales.			
6. Analizamos la interculturalidad en la cartelería (uso de idiomas, representación de diversidad, etc.).			
7. Registramos ejemplos de buenas prácticas en el paisaje visual.			
8. Participamos activamente en el trabajo en equipo y en el debate posterior.			

Fuente: elaboración propia.

Durante la fase *La mirada crítica: un análisis a fondo*, emplearemos la siguiente rúbrica que se presenta en la Tabla 6.2 para medir la profundidad y el rigor del análisis realizado por los grupos. También valoraremos la correcta clasificación de las muestras y la claridad en la esquematización de los resultados.

TABLA 6.2. RÚBRICA DE ANÁLISIS CRÍTICO DEL PAISAJE LINGÜÍSTICO-VISUAL

Criterios	Nivel 1 (Insuficiente)	Nivel 2 (Aceptable)	Nivel 3 (Notable)	Nivel 4 (Excelente)
1. Clasificación de los carteles	No organiza los carteles en categorías o lo hace de manera confusa y sin seguir criterios claros.	Clasifica los carteles en algunas categorías, pero con inconsistencias o aplicando criterios diferentes a la checklist.	Organiza los carteles en categorías pertinentes, siguiendo en gran medida la checklist, aunque con leves imprecisiones.	Clasifica de manera precisa y estructurada los carteles según los criterios establecidos, aplicando un análisis fundamentado.
2. Uso de la checklist colaborativa	No emplea la checklist o la usa de manera incorrecta, sin relacionarla con el análisis de las muestras.	Utiliza la checklist, pero de forma superficial o sin justificar sus decisiones en la clasificación.	Aplica la checklist de manera adecuada, justificando la mayoría de las decisiones en la clasificación.	Utiliza la checklist de manera rigurosa, justificando cada clasificación con ejemplos y reflexiones críticas.
3. Identificación de patrones y tendencias	No reconoce patrones ni tendencias en los ejemplos analizados.	Identifica algunas tendencias generales, pero sin profundizar en su impacto.	Detecta patrones significativos en los ejemplos y comienza a analizar su impacto en la comunidad.	Analiza detalladamente los patrones y tendencias en la cartelería, estableciendo conexiones claras con los temas abordados.
4. Elaboración del esquema y uso de herramientas digitales	No elabora o presenta un esquema desorganizado, sin usar herramientas digitales o de forma incorrecta.	Realiza un esquema básico, algo organizado, pero con información limitada. Usa herramientas digitales con dificultades.	Diseña un esquema claro y estructurado, con información relevante. Usa adecuadamente herramientas digitales.	Crea un esquema bien estructurado y visualmente atractivo, con información clara. Domina herramientas digitales para mejorar la comprensión.
5. Presentación y argumentación	No presenta ni justifica el esquema ante la clase.	Presenta el esquema de manera breve, pero sin una argumentación clara.	Expone y argumenta de forma estructurada su esquema, aportando ejemplos relevantes.	Realiza una presentación clara y convincente, respaldada por datos y promoviendo el debate.

Escala de valoración

Evalúa la creatividad y efectividad de los mensajes diseñados por el alumnado. Esta escala servirá para valorar el diseño, considerando tanto el proceso de elaboración del decálogo del "buen cartel/mensaje" como la producción visual y comunicativa de su propuesta.

Cada criterio se evalúa en una escala según el nivel de cumplimiento, lo que permite una valoración detallada sobre los aspectos visuales y funcionales del mensaje (véase Tabla 6.3). Esta escala podrá ser utilizada por el profesorado (de las distintas áreas), en una coevaluación entre grupos, o mediante ambas opciones.

TABLA 6.3. ESCALA DE VALORACIÓN PARA EL DISEÑO DE MENSAJES VISUALES		
Criterios	**Descripción**	**Escala (1-5)**
Creatividad	¿El mensaje presenta una idea única y atractiva? ¿Se han utilizado colores, formas y tipografía de manera creativa?	1 = Muy deficiente, 5 = Excepcional
Claridad visual	¿El diseño facilita la lectura y la interpretación de la información?	1 = Poco claro, 5 = Muy claro
Impacto visual	¿Captura la atención de inmediato? ¿Los elementos visuales están bien utilizados para resaltar la información clave?	1 = Poca atracción, 5 = Gran atracción
Jerarquía de la información	¿La información está bien estructurada y sigue un orden lógico? ¿Lo más importante destaca claramente?	1 = Desorganizado, 5 = Muy organizado
Coherencia con el mensaje	¿El mensaje es adecuado para su propósito y su público objetivo?	1 = Poco coherente, 5 = Totalmente coherente
Uso de tipografía	¿El texto es fácil de leer y está bien distribuido dentro del mensaje?	1 = Pésima, 5 = Excelente
Uso del espacio	¿Está equilibrado, sin sobrecarga visual ni espacios vacíos innecesarios?	1 = Desordenado, 5 = Equilibrado y armonioso
Funcionalidad y propósito	¿El público puede entender su mensaje con facilidad?	1 = No cumple con el objetivo, 5 = Totalmente efectivo
Proceso de revisión	¿El grupo realizó bocetos detallados? ¿Se integraron mejoras basadas en la retroalimentación recibida?	1 = Sin bocetos ni mejoras, 5 = Proceso completo con ajustes basados en sugerencias
Aplicación del decálogo	¿Cumple con criterios de inclusión, accesibilidad, sostenibilidad y equidad?	1 = No sigue el decálogo, 5 = Cumple con todos los principios del decálogo

Diario de aprendizaje

El objetivo es reflexionar sobre las experiencias vividas durante el proyecto de ApS, permitiendo al estudiantado evaluar su proceso de aprendizaje, identificar lo aprendido, las estrategias utilizadas y las áreas de mejora. Asimismo, facilita el seguimiento personal de los conocimientos adquiridos y el desarrollo de fortalezas. Cada estudiante completará su diario de aprendizaje después de cada fase del proyecto, que debe incluir:

- *Resumen de actividades realizadas*: descripción breve de lo que se hizo.
- *Aspectos aprendidos:* reflexión sobre los conocimientos adquiridos.
- *Desafíos y dificultades:* problemas encontrados y estrategias para superarlos.
- *Participación personal:* evaluación de su implicación y colaboración en el grupo.
- *Retroalimentación y mejoras:* ideas para mejorar futuras actividades.

Observación sistemática del docente

Registrar la participación activa y la colaboración del alumnado durante las diferentes fases del proyecto.

Para ello, se puede elaborar una rúbrica de observación que valore aspectos clave como los siguientes:

- *Participación en debates:* grado de implicación y argumentación de las ideas.
- *Capacidad de análisis crítico:* profundidad en la reflexión sobre el impacto social y cultural.
- *Colaboración en la creación de la ficha de observación*: nivel de contribución activa y detallada.
- *Uso de herramientas digitales*: grado de autonomía y eficiencia en su uso.
- *Desarrollo de esquemas*: claridad y estructura de los esquemas creados.
- *Reflexión sobre inclusión y sostenibilidad*: comprensión y reflexión crítica sobre estos principios.
- *Compromiso con la creación de mensajes*: grado de participación activa y creatividad.

Portafolio del estudiante

Recopila evidencias del proceso educativo, promoviendo la reflexión crítica, el desarrollo de competencias y la participación activa del alumnado.

Este portafolio debe incluir diversos elementos que reflejan el proceso de aprendizaje. Entre estos, se encuentran las fichas de observación y análisis, que permiten registrar y reflexionar sobre los carteles y mensajes visuales encontrados en el entorno. También deben incluirse imágenes obtenidas durante el proyecto, como fotografías de los elementos analizados.

Además, es conveniente que recoja los mapas colaborativos que representan la localización de los elementos estudiados y su distribución en el espacio. A esto se suma la *checklist* de valoración y los esquemas y reflexiones que permiten clasificar las problemáticas detectadas y compararlas con modelos positivos. El decálogo de buenas prácticas es otro componente esencial, donde se recogen los principios fundamentales para crear un paisaje lingüístico inclusivo, efectivo y accesible.

El portafolio también debe incluir los bocetos y prototipos realizados, así como las mejoras aplicadas a las propuestas según la retroalimentación docente recibida. Igualmente, se incorporará la rúbrica de evaluación para valorar los trabajos en función de su claridad, impacto y coherencia, así como el diario de aprendizaje en el que el alumnado registrará sus reflexiones al final de cada fase del proyecto, destacando los aprendizajes adquiridos y los desafíos enfrentados a lo largo del proceso.

Encuestas de satisfacción

Recoger las impresiones del público general sobre la claridad, inclusividad y efectividad de los mensajes expuestos. A través de encuestas accesibles mediante códigos QR en los trabajos presentados, la comunidad educativa y el público general de la localidad podrá manifestar su satisfacción con el proyecto mediante las respuestas a preguntas como las siguientes: *¿Te ha parecido interesante/necesario este proyecto? ¿Cuál crees que es el propósito del mismo? ¿Te resulta fácil entender el paisaje visual de tu entorno? ¿Crees que los mensajes aquí presentados contribuyen a tu desarrollo como ciudadano/a? ¿Te motivan a conectar con tu entorno?*

Espacios y recursos

Para el desarrollo de este proyecto, son necesarios materiales del paisaje lingüístico en diferentes contextos (urbanos, rurales, culturales) para el análisis inicial, así como dispositivos móviles o tabletas para recopilar imágenes durante los paseos exploratorios. También se utilizarán fichas de observación y *checklists* elaboradas por el alumnado para evaluar las muestras observadas, además de materiales como papel y lápices para los bocetos previos.

En cuanto a las herramientas tecnológicas, se necesitarán ordenadores para usar plataformas como Canva y EZ Map con el fin de crear tanto los mapas colaborativos como los gráficos y esquemas. Para organizar la información, se utilizarán recursos digitales como Mindomo y CmapTools, y en la fase de diseño final, Canva será la plataforma principal. Durante la fase de difusión, se utilizarán herramientas digitales para crear contenido multimedia, además de las redes sociales del centro, para compartir los resultados y sensibilizar a la comunidad sobre la importancia de la comunicación visual.

Los espacios necesarios incluyen el aula de la materia para actividades de reflexión y presentación de esquemas, aulas de informática y tecnología para trabajos de carácter tecnológicos, y espacios exteriores del centro educativo y áreas rurales/locales para las exploraciones de campo. Además, se habilitarán espacios dentro del centro educativo para la exposición de los diseños finales, donde se realizará la presentación de los resultados tanto a la comunidad educativa como a las familias del municipio.

RESUMEN

Como docentes, tenemos la responsabilidad de ofrecer a nuestro alumnado las herramientas necesarias para que se conviertan en ciudadanos y ciudadanas globales, capaces de comprender y transformar el mundo que les rodea. Trabajar el paisaje lingüístico y visual con este enfoque transversal permite integrar diversas disciplinas para que el estudiantado no solo adquiera conocimientos, sino también valores fundamentales como el respeto a la diversidad, la empatía y la reflexión crítica. A través de este proceso, les ayudamos a ver más allá de su entorno inmediato, para que se conviertan en agentes activos que contribuyan de manera consciente y responsable a un mundo mejor.

SÍNTESIS

Presentamos de forma visual de las preguntas, conexiones establecidas, puntos de vista abordados y formas que tiene el alumnado de involucrarse en el proyecto.

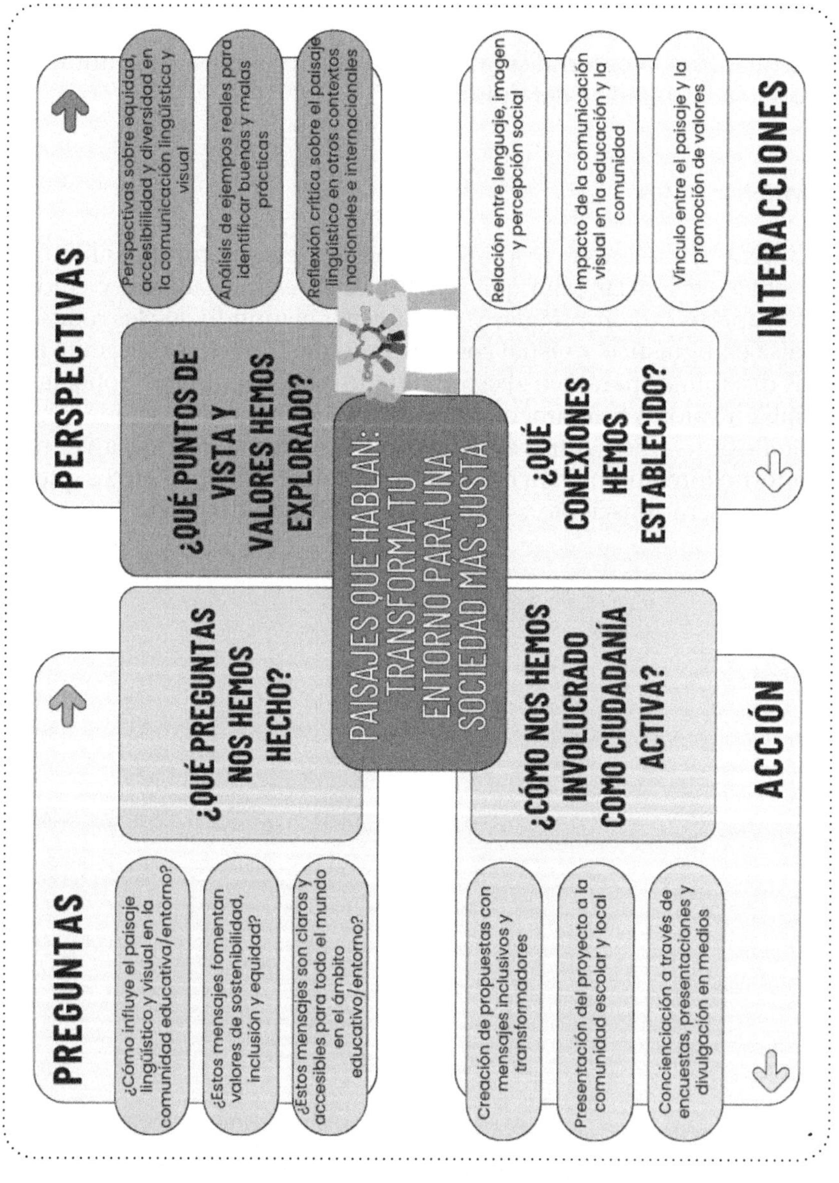

PAISAJES QUE HABLAN: TRANSFORMA TU ENTORNO PARA UNA SOCIEDAD MÁS JUSTA

PERSPECTIVAS

¿QUÉ PUNTOS DE VISTA Y VALORES HEMOS EXPLORADO?

- Perspectivas sobre equidad, accesibilidad y diversidad en la comunicación lingüística y visual
- Análisis de ejemplos reales para identificar buenas y malas prácticas
- Reflexión crítica sobre el paisaje lingüístico en otros contextos nacionales e internacionales

PREGUNTAS

¿QUÉ PREGUNTAS NOS HEMOS HECHO?

- ¿Cómo influye el paisaje lingüístico y visual en la comunidad educativa/entorno?
- ¿Estos mensajes fomentan valores de sostenibilidad, inclusión y equidad?
- ¿Estos mensajes son claros y accesibles para todo el mundo en el ámbito educativo/entorno?

INTERACCIONES

¿QUÉ CONEXIONES HEMOS ESTABLECIDO?

- Relación entre lenguaje, imagen y percepción social
- Impacto de la comunicación visual en la educación y la comunidad
- Vínculo entre el paisaje y la promoción de valores

ACCIÓN

¿CÓMO NOS HEMOS INVOLUCRADO COMO CIUDADANÍA ACTIVA?

- Creación de propuestas con mensajes inclusivos y transformadores
- Presentación del proyecto a la comunidad escolar y local
- Concienciación a través de encuestas, presentaciones y divulgación en medios

PARTE III

PARA TERMINAR

Epílogo. Solo mi imaginación

Marco Ramos Ramiro

Every man / every woman carries a firmament inside
& the stars in it are not the stars in the sky

W/out imagination there is no memory
W/out imagination there is no sensation
W/out imagination there is no will, desire

(...)

The only war that matters is the war against
the imagination

The only war that matters is the war against
the imagination

The only war that matters is the war against
the imagination

All other wars are subsumed in it
DIANE DI PRIMA, Revolutionary Letter #75 (Rant)

ALIVIO

Cuando los coordinadores de la obra me invitaron a escribir este epílogo hace unos meses, me resistía a anticipar el rumbo que tomaría la política internacional de un tiempo a esta parte, ahora que parece que todo se precipita. A estas alturas de la película, no me podía imaginar que escribir sobre ciudadanía global podría resultar, de algún modo, un acto casi contracultural. Porque es cierto que ya sabía de todos estos hombres —conviene subrayar el género— del milenio que se están adueñando de nuestro mundo, y no era ajeno a la guerra y a las masas precarias y pauperizadas, pero…

Pero siento que lo funesto se consolida cada día que pasa. Poco a poco, nos vamos habituando a un lenguaje belicista que comienza a instalar en nuestras conciencias la inevitabilidad de una guerra. Solo así se explican, por ejemplo, todos esos anuncios que anticipan el incremento del gasto militar de los países miembros de la Unión Europea. Es por eso que no podemos obviar la cuestión que nos plantea la escritora Najat El Hachmi, por cruda que suene: ¿A quién mataremos con todo ese dinero el conjunto de los muy nobles e íntegros europeos? Por su parte, la nueva derecha global, por utilizar un término que utilizamos para agrupar a todos aquellos que estuvieron presentes en la CPAC[1] de 2025, hace públicos sus objetivos y ostentosos sus gestos para no dar lugar a equívocos. Ya no hay duda: sin disimulos, son lo que son y han venido a por todos y a costa de todo.

El reordenamiento geopolítico que se está produciendo apela, más que nunca, a una ciudadanía global firme en sus convicciones más profundas frente a los embates de un nuevo autoritarismo que aúna un retrógrado conservadurismo cultural con un poder político, económico y tecnológico desconocido en el último siglo. También debe ser firme frente a la deriva belicista de las desdibujadas socialdemocracias europeas, cuando sus espacios, sus tiempos y sus formas se diluyen en favor de las lógicas del mercado y la aceleración digital.

No quiero decir con ello que hace 30 o 40 años estuviésemos en el mejor de los mundos; pero, al menos, el sueño del mejor de esos mundos todavía era posible. Esto, incluso a pesar de la posmodernidad, que fracturó el sentido lineal de la narración histórica de progreso, dejándonos atrapados en un perpetuo *carpe diem*. La realización de una vida con comunidades no tan injustas, por ejemplo, con algo de humor, compasión y alegría, una vida con menos prisa o con ciertas formas de verdad, trazaba, sin rubor, un horizonte posible y deseable. ¿Seremos capaces de volver a imaginar el futuro como una promesa?

En un artículo reciente, la profesora Clara Ramas San Miguel ofrece una reflexión muy interesante acerca de este tiempo raro e inquietante. A sus ojos, la agenda del neoliberalismo reaccionario plantea una revolución sin precedentes por su escala y profundidad, "la mayor revolución antropológica y ontológica de la historia de la humanidad" (Ramas-San Miguel, 2025). Para la filósofa, lo que está en juego no es solo la democracia, sino la propia noción de realidad y la capacidad para imaginar y hacer un futuro posible y deseable de bienestar humano

---

[1] Acrónimo de *Conservative Political Action Conference* (Conferencia Política de Acción Conservadora). Se trata de una conferencia política anual promovida por la Unión Conservadora Estadounidense que lleva organizándose desde el año 1974. Tradicionalmente, ha venido actuando como cónclave tradicional del Partido Republicano de EEUU. En los últimos años se ha caracterizado por su internacionalización al invitar a representantes y activistas conservadores de todo el mundo.

a partir de una relación profunda y armoniosa con el medioambiente en un planeta al borde del colapso. La solución que propone es poética: urge imaginar y encontrar palabras nuevas antes de que sea demasiado tarde, porque *los menos*, las poderosas élites que proponen un nuevo orden mundial desde sus plataformas tecnológicas o sobre la base de un imperio económico y político, se afanan en devastar un mundo incompatible con la empresa que están llamados a producir.

Frente a su relato, la lectura de este libro me ha producido algo de alivio y la constatación de algo que se nos olvida con mayor frecuencia de la deseada, sobre todo cuando vienen mal dadas: el futuro no está escrito. El futuro depende de nosotros, y a nosotros, a pesar de todo, nos corresponde imaginarlo para hacerlo. Y *podemos* hacerlo. Para ello, nos hemos situado en la Escuela, quizás la única institución de nuestro tiempo, junto con la Universidad, que permite pensarnos distintos. Ciertamente, son pocos los espacios donde aún late la posibilidad de lo común, esos donde la sociedad se piensa y se ensaya, donde ciertas formas de pensamiento y estilos relacionales no han sido aún devoradas por la inercia, el mercado, la prisa, la incertidumbre o la desconfianza, o al menos no en su totalidad. Pero, si la Escuela es ese lugar donde aún es posible ensayar otros futuros, ¿cómo debería ser para transformar el mundo que habitamos? ¿Qué tipo de Escuela necesitamos para construir una verdadera ciudadanía global?

CONDICIONES DE UNA ESCUELA PARA LA CIUDADANÍA GLOBAL

En un momento dado del año 2017, leí una entrevista en una revista especializada en educación que me impactó profundamente[2]. El entrevistado era Roger Schank. En las respuestas que ofrecía a las preguntas de la periodista, Schank abogaba por una transformación de la Escuela que en realidad pasaba por su desaparición. Desde luego, yo había leído los libros que Illich y Reimer publicaron en la década de los setenta del siglo pasado, pero las críticas y las propuestas del investigador y empresario estadounidense se insertaban en una tradición distinta.

A diferencia de las posturas humanistas y anticapitalistas de aquellos, Schank defendía la desaparición de las aulas en favor de un aprendizaje que debía darse enteramente fuera de ellas, bien por ser más barato o bien para ofrecer la posibilidad de que los niños eligieran aquello más afín a sus preferencias y así desarrollar aprendizajes útiles para la vida cotidiana. Las ideas de Schank me parecieron lo suficientemente provocadoras como para presentarlas al alumnado de magisterio al que por entonces impartía clase en la universidad. Recuerdo haber salido molesto ese día del aula y también algo

---

[2] Ayala, A. (2017). Entrevista a Roger Schank. *Educación 3.0*, (28), 28-33

desconcertado. Para mi asombro, los futuros maestros no se mostraron críticos con sus ideas. Más bien sucedió todo lo contrario: muchos defendían las tesis de Schank. No eran conscientes de que estaban firmando su propia defunción.

Desde entonces, me preocupa sobremanera algo que denominaré aquí como la *cuestión escolar*. Se ha convertido en una de las recurrencias que dirigen mi práctica docente. Cada curso, uno de los temas que abordo con mis alumnos de magisterio es si la Escuela tiene futuro, y qué es lo que debemos preservar de ella, si es que realmente merece la pena su existencia en la sociedad en la que pensamos a medio o largo plazo. Esta preocupación anida en mí porque creo firmemente que la misma idea de Escuela está en disputa, y lo está porque es uno de los símbolos de la Ilustración y ocupa un papel central en nuestra cultura, aunque tan solo sea por su labor de custodia. Pero también y sobre todo porque ha ejercido un papel clave en el avance de una democracia que hoy se comprende inservible para ese mundo nuevo que *los menos* ya están produciendo.

De entre todas las instituciones de la Modernidad, seguramente sea la que mejor ha expresado la promesa de salvación que ha encarnado la idea liberal de progreso, al menos tal como se ha expresado en los últimos doscientos años. Stefan Zweig se refirió a ella en su célebre autobiografía *El mundo de ayer* —qué título tan apropiado para caracterizar, igualmente, el mundo que dejamos hoy atrás, tal como hizo Zweig (2004) para describir el mundo que antecedió a la Primera Guerra Mundial— de la manera que sigue:

> El siglo XIX, con su idealismo liberal, estaba convencido de ir por el camino recto e infalible hacia el mejor de los mundos. Se miraba con desprecio a las épocas anteriores, con sus guerras, hambrunas y revueltas, como a un tiempo en que la humanidad aún era menor de edad y no lo bastante ilustrada. Ahora, en cambio, superar definitivamente los últimos restos de maldad y violencia sólo era cuestión de unas décadas, y esa fe en el progreso ininterrumpido e imparable tenía para aquel siglo la fuerza de una verdadera religión; la gente había llegado a creer más en dicho progreso que en la Biblia, y su evangelio parecía irrefutablemente probado por los nuevos milagros de la ciencia y la técnica (p. 19).

En el marco de esta narrativa, como decía, la Escuela ha sido el pilar central de las democracias modernas, tanto como un instrumento político para unificar identidades, lenguas, territorios, conocimientos y valores en busca de un ideal ciudadano, arquetipo de los incipientes Estados nación, como también como medio clave para acceder y participar en la nueva vida política que entonces comenzaba a gestarse, y que alcanzaría —guerras mundiales mediante— su máxima expresión en las democracias occidentales durante la segunda mitad del siglo XX. Pero su institución en el marco de un sistema que la determina como universal, gratuita y obligatoria logra, si cabe, algo más trascendente: en su virtud, conforma un tiempo y un espacio capaces de vincular al sujeto consigo mismo y con los demás, al proponer un modo de vivir asociado basado en la reciprocidad.

Dicho con menos palabras, la Escuela se presenta como el espacio público por antonomasia para la construcción de lo común. Con ello quiero subrayar que la democracia no se construye, únicamente, dirigiendo la tarea educativa de la Escuela en un sentido dado, por ejemplo, para transmitir un bien común construido bajo unos preceptos democráticos o para ofrecer un servicio público. Ni siquiera por la oportunidad que ofrece para participar en procesos y prácticas deliberativas o por los conocimientos y competencias que proporciona en materia de educación cívica. Sin minusvalorar esas tareas, la esencia democrática de la Escuela se sustenta en dos supuestos anteriores a ellas, en apariencia contradictorios, y que son condición para la realización de ese mundo común que hoy nos hallamos en la obligación de imaginar y construir: la *igualdad* y la *pluralidad*. Veamos a continuación qué lectura ofrezco de ambos principios y por qué son importantes para hacer de las Escuelas lugares en los que pueda florecer una ciudadanía global.

Igualdad

La idea de igualdad que propongo se basa en el pensamiento del filósofo francés Jacques Rancière; una noción cuyas implicaciones pedagógicas han sido ampliamente estudiadas por otros autores, en especial Jan Masschelein, Maarten Simons, Gert Biesta o Jorge Larrosa. La obra de Rancière es compleja y provocadora, por su esfuerzo constante por cuestionar algunos de los supuestos sobre los que se asientan las prácticas democráticas y educativas convencionales. Cabe señalar que Rancière no lleva a cabo esta tarea únicamente desde la crítica, sino que la realiza positivamente a través de la recuperación de figuras históricas cuya contribución había sido marginada por el intelectualismo burgués del siglo XIX.

El filósofo francés utiliza estas voces de manera intempestiva para verificar y proponer su línea de pensamiento en torno a la democracia, la igualdad, la emancipación y la educación. En su búsqueda por encontrar una de estas voces, tropezó con Joseph Jacotot, el *maestro ignorante*, de quien se serviría para ilustrar la idea de igualdad que recorre toda su obra y la manera en que esta se presenta como condición para la emancipación. En oposición a todos esos teóricos y reformadores políticos que conciben la Escuela como una herramienta para lograr, en algunos casos, un ideal de igualdad, Rancière asume una perspectiva diferente: la igualdad es un presupuesto y no un objetivo a conseguir. Bajo su punto de vista, asumir la tesis contraria implica reafirmar una desigualdad de partida cuya verificación supone, en último término, su eterna reproducción. Por eso, Rancière (2010) sostiene: "la igualdad nunca viene después, como un resultado a alcanzar. Ella debe estar siempre delante" (p. 11).

El pensador francés plantea una igualdad intelectual, la igualdad de todos los hombres y las mujeres ante su propia humanidad: *porque son hombres y mujeres, piensan* (Rancière, 2010).

Las implicaciones de esta idea para la Escuela, por el valor democrático y emancipador que confiere a la institución, son profundas. Tradicionalmente, la reflexión sobre la Escuela ha tratado de responder a cuestiones tales como cuál es o debería ser su finalidad o qué es lo que hace la Escuela en la sociedad o en una época determinada (Larrosa, 2019). Sin embargo, trasladar la reflexión de la *función* que ejerce la Escuela en nuestra sociedad a la *forma* en que se despliega nos abre una vía muy sugerente para identificar una alternativa posible y deseable a la *condición póstuma* (Garcés, 2018) a la que nos condena el *tecnofeudalismo digital*.

Examinar la *forma* Escuela bajo la óptica de Rancière supone, en primer lugar, significa partir del supuesto de que todos los alumnos, sin excepción, son sujetos de acción y responsabilidad. Esta hipótesis se verifica cuando el educando toma conciencia de su capacidad de conocer(se), de ser un auténtico sujeto, de estar y hacer(se) presente en el mundo, es decir, abierto a él, para captarlo, comprenderlo y cuidarlo. Casualidad o no, el pedagogo brasileño Paulo Freire sostuvo una postura similar sobre la igualdad como condición esencial para la emancipación y la manera en que esta se manifestaba en los sujetos. Freire (2002) se apoyaba en su propia experiencia como educador para ejemplificar esta idea. A lo largo de su trayectoria, había aprendido que asumirse y reconocerse como educando implica:

> reconocerse como sujeto que es capaz de conocer y que quiere conocer en relación con otro sujeto igualmente capaz de conocer (...). El educando se reconoce conociendo los objetos, descubriendo que es capaz de conocer, asistiendo a la inmersión de los significados en cuyo proceso se va tornando también significador crítico. Más que ser educando por una razón cualquiera, el educando necesita volverse educando asumiéndose como sujeto cognoscente, y no como incidencia del discurso del educador. Es aquí donde reside, en última instancia, la gran importancia política del acto de enseñar (p. 44).

En segundo lugar, debido a su cualificación como *scholè* (ocio), dice Rancière, la Escuela puede entenderse como una separación de espacios, tiempos y ocupaciones. Gracias a la Escuela se suspende el tiempo económico, social, cultural, político o privado, así como todas las actividades y los roles que los vinculan con los lugares en los que se desenvuelven las actividades que les son propias. Quiero decir con ello que la programación social en la que cada cual se halla inserto, el patrón de vida que condena nuestro futuro a partir de nuestra herencia familiar, cultural o social, queda temporalmente disuelto o suspendido. Para la Escuela los jóvenes son, única y sencillamente, estudiantes en disposición de explorar toda su potencialidad. Esto convierte a la Escuela en el lugar de la igualdad por excelencia y en el espacio más apropiado para interrumpir, intervenir y reconfigurar el orden de cosas existente. La Escuela inserta así una discontinuidad, una grieta si se prefiere, en la lógica causal que dicta todo determinismo social: *eres esto, entonces tu destino está en hacer aquello.*

Pluralidad

Hablar de pluralidad nos conduce inevitablemente a Hannah Arendt. La autora alemana se centra en dilucidar qué significa existir políticamente y las condiciones que exigen ese *vivir como ser distinto y único entre iguales* que propicia su idea de *acción*, la cual tiene un sentido político evidente. A partir de ella, Arendt sincretiza la idea de igualdad con la de pluralidad al situarlas en el mismo plano para la posibilidad de lo humano, en la medida en que las determina como condiciones de toda vida política. Arendt (1993) expresó esta idea con elocuencia: "todos somos lo mismo, es decir, humanos, y por tanto nadie es igual a cualquier otro que haya vivido, viva o vivirá" (p. 22). Creo que su pensamiento no puede soslayarse de una lectura pedagógica, que en el marco de este libro puede resultar interesante.

Un primer aspecto a señalar es que la acción siempre es *coacción* —el reconocimiento de sí como condición para reconocer a los demás. De este modo, la *acción* arendtiana se instituye como condición de la política, de manera que la vida de un ser humano es inconcebible si se halla desvinculada de un mundo que atestigua la presencia de otros, lo que también resulta un atributo ético. Es muy interesante observar la brillantez de Arendt y comprobar la manera en que ha influido en buena parte del pensamiento político y ético de nuestro tiempo, si es que acaso no son la misma cosa. El reconocimiento intersubjetivo que propone, como veremos más adelante, delinea el espacio a partir del cual se pueden dejar atrás universalismos expansivos o particularismos defensivos, tan propios de estos tiempos. En su lugar, nos inspira a aprender a desplegar *universales recíprocos,* como nos dice Marina Garcés (2018): lugares receptivos y de escucha, que incluyan no solo la alteridad cultural, sino también la tensión y el antagonismo entre distintas formas de vida.

Un segundo aspecto, consecuencia de lo anterior, resulta en la noción de *poder* que propone la filósofa alemana, muy apartada de esa visión que siempre lo liga al uso de la fuerza y las maneras violentas a través de las cuales se manifiesta. Esta lectura confiere al poder dos cualidades fundamentales que nos sirven para describir el modelo de ciudadanía que se expone a lo largo de todo el libro: la primera es que es un atributo que surge en virtud del encuentro *entre* y *con* otros, que se reconocen como iguales en el uso de la acción y el discurso, y cuyo mutuo reconocimiento, como acabo de apuntar, construye un espacio común y compartido en el cual estamos llamados a convivir. Lo que me interesa aquí es que Arendt no sitúa este poder como un aspecto externo al ser humano, sino como algo que forma parte de la propia condición humana. La ciudadanía no es una cuestión dada, sino construida en mutua relación y que solo puede darse en ausencia de dominio:

> El poder sólo es realidad donde palabra y acto no se han separado, donde las palabras no están vacías y los hechos no son brutales, donde las palabras no se emplean para velar intenciones sino para descubrir realidad, y los actos

no se usan para violar y destruir sino para establecer relaciones y crear nuevas realidades. El poder es lo que mantiene la existencia de la esfera pública, el potencial espacio de aparición entre los hombres que actúan y hablan. (…). Cabría decir que el poder es siempre un poder potencial y no una intercambiable, mensurable y confiable entidad como la fuerza. Mientras que esta es la cualidad vista de un individuo en aislamiento, el poder surge entre los hombres cuando actúan juntos y desaparece en el momento en que se dispersan (Arendt, 1993, p. 223).

El problema de la condición humana radica en su fragilidad, por ejemplo, cuando se deshumaniza a quienes no tienen voz o se niega la voz a quienes la tuvieron y la perdieron, como en el caso de los migrantes o los refugiados. Así, llegamos al segundo de los aspectos señalados. El *poder*, la legitimación de la política, de nuevo, es una cuestión ética que se manifiesta a partir de la responsabilidad: la democracia no es un hecho innato. Por tanto, los ciudadanos debemos asumir la responsabilidad de su conservación y continuidad. Las grandes catástrofes de la humanidad acaecidas a lo largo del siglo XX demostraron la fragilidad de la condición humana y la necesidad de una noción de ciudadanía y de un cuerpo jurídico que reconociese el derecho a gozar de todos los derechos específicos de una sociedad democrática y de un mundo común (Bárcena y Mèlich, 2014). Arendt (1998) lo explicó como sigue en su libro *Los orígenes del totalitarismo*:

> Llegamos a ser conscientes de la existencia de un derecho a tener derechos (y esto significa vivir dentro de un marco donde uno es juzgado por las acciones y las opiniones propias) y del derecho a pertenecer a algún tipo de comunidad organizada, sólo cuando emergieron millones de personas que habían perdido y que no podían recobrar estos derechos por obra de la nueva situación política global. (…). Antes de esto, lo que llamamos hoy un «derecho humano» hubiera sido considerado como una característica general de la condición humana que ningún tirano podía arrebatar. Su pérdida significa la pérdida de la relevancia de la palabra (y el hombre, desde Aristóteles, ha sido definido como un ser que domina el poder de la palabra y del pensamiento) y la pérdida de toda relación humana (y el hombre, también desde la época de Aristóteles, ha sido considerado como el «animal político», el que por definición vive en una comunidad), la pérdida, en otras palabras, de algunas de las más esenciales características de la vida humana (p. 247).

APRENDIZAJES PARA SEGUIR CON EL PROBLEMA

Llegados a este punto, toca extraer una serie de aprendizajes o lecciones a partir de todo lo expuesto que nos permitan, cuando menos, delinear qué ofrece la Escuela a una ciudadanía global y qué Escuela, a su vez, contribuye a construir la doble pertenencia que señala esta macroética planetaria, como bien se ha expuesto a lo largo de este el libro: la de aquella comunidad en la que uno nace y crece, más o menos, por azar; y aquella que comprende al conjunto de la humanidad y el planeta, formada tanto por los presentes como por aquellos que están por venir, los descendientes. Son *tres* lecciones:

1. *La primera lección* que extraemos es que la Escuela debe remitir a lo común y lo colectivo para alumbrar una *polis* global. Lo común, por un lado, porque la Escuela señala un lugar que se sitúa en medio de una pluralidad de formas de comprender el mundo debido a diversos factores: la cultura, la clase social o la religión. El mundo que emerge a partir de la Escuela se nutre de esa diversidad, a la vez que la manifiesta, aunque no se reduce a ella. Este doble movimiento de reconocimiento y atención es posible gracias a que lo escolar despliega una serie de tiempos, espacios y actividades que contribuyen a construir un encuentro *entre* y *con* otros diferentes; con todos los miembros de nuestra sociedad. Lo común surge y se construye en virtud de ese encuentro.

   Asimismo, lo común emerge porque la Escuela presupone una idea de igualdad que es a la vez igualdad intelectual y moral: todo el mundo *es capaz de* participar de la conversación que propone independientemente de su condición personal, social, familiar o cultural, por citar algunas. Y es ahí donde surge, por otro lado, lo colectivo: los tiempos, espacios y actividades escolares nos apelan como miembros de una sociedad —no solo como integrantes de una determinada comunidad escolar— a construir la esfera pública en la que debemos convivir.

2. *La segunda lección* tiene que ver con los hilos que la Escuela posibilita entrelazar, al modo en que propone Donna Haraway. La Escuela abre la posibilidad de generar parentescos *raros* e inesperados, porque extraños e improbables son sus tiempos, espacios y actividades en el marco de una lógica vital que estrecha nuestra vida al trabajo y al consumo, y que nos conduce por una existencia protocolizada, ciertamente pasiva y carcomida por la inercia.

   La Escuela pone sobre la mesa el mundo e invita a que nos encontremos activamente con él, a que estemos presentes. Con el mundo, las personas y las especies que están aquí y ahora. Con aquellas que son cercanas y con las que nos encontramos cada día, aunque no las conozcamos y a las que en ocasiones no prestamos la suficiente atención. Como la comunidad gatuna de la propuesta didáctica que se desarrolla en el capítulo 5 de este libro. Al mismo tiempo, la Escuela nos emplaza a una trascendencia temporal y geográfica, más allá de toda frontera y condición. El vínculo se despliega hacia los contemporáneos, pero también hacia quienes nos precedieron y quienes están por venir, hacia los que no tienen voz porque se la arrebataron. También hacia aquellos que distan de nosotros y no son en ningún modo como nosotros: otros animales, vegetales y el resto de los seres vivos y de los elementos físicos y materiales que forman parte de nuestro dañado planeta, como el aire, el agua o las rocas.

3. *La tercera lección* nos señala que la Escuela debe transformar, renovar, inventar y recrear el orden de cosas existentes. La vocación poética de la Escuela afirma que no se puede repetir el mundo y que el futuro existe; que existen intersticios que anuncian el cambio de unas ideas a otras, en los que se puede sabotear destinos o abrir ventanas a nuevos horizontes. Frente a las identidades únicas y abusivas o la eficacia productiva, en contra de esa libertad matona o vigilante, el consumo sin fin o la ceguera digital, la Escuela dice que no estamos solos, que ya está bien de existir para sobrevivir, que hay algo que se *debe* y se *puede* hacer.

El trayecto de este libro no finaliza aquí. Nuestra obligación es *seguir con el problema* (Haraway, 2019). La ciudadanía global se nos presenta como una alternativa a lo divino. Lo divino es la solución fácil, una suerte que fía sus esperanzas a la providencia de la tecnología o a los *deus ex machina* de la antipolítica. No es una solución en absoluto. A lo largo de todas estas páginas, los autores y las autoras de este libro han argumentado y *performado* nuevas relaciones con el mundo y con el planeta. Han planteado una alternativa contra el pesimismo, ese que dice que no hay futuro porque *game over*. Pienso que no hay nada más desmovilizador que la falta de imaginación. Los regalos que nos han ofrecido tienen un valor incalculable: regalos que dicen a los niños y a los jóvenes que nos importan y que nos preocupan, que son queridos y bienvenidos; regalos para recordarnos que el mundo merece nuestra atención, que la vida puede ser mejor; regalos que nos emplazan a la aventura y que muestran que la enseñanza es un fenómeno de amplitud cósmica; regalos, en fin, que sirven para recordarnos que la única guerra que importa es la guerra contra la imaginación.

Referencias bibliográficas*

CAPÍTULO 1. ¿Qué es la ciudadanía global?

Díaz Salazar, R. (2020). *Ciudadanía global en el siglo XXI. Educar para que otro mundo sea posible.* Fundación SM.

Hansen, D. T. (2013). *El profesor cosmopolita en un mundo global. Buscando el equilibrio entre la apertura a lo nuevo y la lealtad a lo conocido.* Narcea.

OCDE. (2018a). *Marco de Competencia Global. Estudio PISA. Preparar a nuestros jóvenes para un mundo inclusivo y sostenible.*

OCDE. (2018b). *The Future of Education and Skills 2030.* https://www.oecd.org/en/about/projects/future-of-education-and-skills-2030.html

Sanz Leal, M., Orozco Gómez, M. L., y Bogdan Toma, R. (2021). Construcción conceptual de la competencia global en educación. *Teoría de la Educación. Revista Interuniversitaria, 34*(1), 83-103. https://doi.org/10.14201/teri.25394

UNESCO (2015a). *Educación para la Ciudadanía Mundial: Temas y objetivos de aprendizaje.* https://unesdoc.unesco.org/ark:/48223/pf0000233876

UNESCO (2015b). *Replantear la educación: ¿Hacia un bien común mundial?* https://unesdoc.unesco.org/ark:/48223/pf0000232697

UNESCO (2016). *Declaración de Incheon y Marco de Acción para la realización del Objetivo de Desarrollo Sostenible 4- Educación 2030.* https://unesdoc.unesco.org/ark:/48223/pf0000245656_spa

UNESCO (2018). *Educación para la ciudadanía mundial: preparar a los educandos para los retos del siglo XXI.* https://unesdoc.unesco.org/ark:/48223/pf0000244957

UNESCO (2020). *Educación para el Desarrollo Sostenible: hoja de ruta.* https://unesdoc.unesco.org/ark:/48223/pf0000374896

UNESCO (2021). *Reimaginar juntos nuestros futuros: Un nuevo contrato social para la educación.* https://unesdoc.unesco.org/ark:/48223/pf0000379381_spa

CAPÍTULO 2. La ciudadanía global en el marco político supranacional

ASEAN (2012). *ASEAN Curriculum Sourcebook.* https://asean.org/book/asean-curriculum-sourcebook/

---

* Todos los hipervínculos contenidos en estas Referencias han sido revisados con fecha 18 de julio de 2025.

Dale, R. (1999). Specifying globalization effects on national policy: a focus on the mechanisms. *Journal of Education Policy, 14*(1), 1-17. https://doi.org/10.1080/026809399286468

Laborinho, A., Díaz, T., Barros, P., Pérez, B. y Martínez, A. (2020). Miradas sobre la educación en Iberoamérica. Competencias para el siglo XXI en Iberoamérica. OEI.

Mohammad-Mahmoud, O. M. (2016). Arab agency and the UN project: the League of Arab States between universality and regionalism. *Third World Quarterly, 37*(7), 1219-1233. https://doi.org/10.1080/01436597.2016.1154437

OCDE (2018). *Preparing Our Youth for an Inclusive and Sustainable World: The OECD PISA Global Competence Framework.* https://bit.ly/3l3UNWb

Pérez de Cuéllar, J. (1997). *Nuestra diversidad creativa.* UNESCO.

UNESCO (2015). *Global citizenship education: topics and learning objectives.*

Unión Africana (2013). *Agenda 2063: The Africa We Want.* https://au.int/en/agenda2063/overview

Unión Europea (2017). *Dictamen del Comité Europeo de las Regiones: Propuesta de un Nuevo Consenso Europeo sobre Desarrollo: «Nuestro mundo, nuestra dignidad, nuestro futuro» (2017/C 207/08).* https://eur-lex.europa.eu/legal-content/ES/TXT/PDF/?uri=-CELEX:52016AR6940&from=ES

World Bank (2007). *World Development Report.* World Bank.

CAPÍTULO 3. De la teoría a la práctica: construyendo una ciudadanía global en la escuela

Blanchard, M. y Muzás, M. D. (2019). *Cómo trabajar con proyectos de aprendizaje en educación infantil.* Narcea.

Boix Mansilla, V. (2016). How to be a Global Thinker: Using global thinking routines to create classroom cultures that nourish global competence. *Educational Leadership, 74*(4), 10-16.

Boix Mansilla, V. y Jackson, A. W. (2022). *Educating for Global Competence: Preparing Our Students to Engage the World.* ASCD.

Boix Mansilla, V. y Schleicher, A. (2022). *Big picture thinking. How to educate the whole person for an interconnected world.* OCDE.

Delorme, D. (2023). Ecology and Education: The Example of Ecotopias. En N. Wallenhorst, R. Hétier, J. P. Pierron, y C. Wulf (Eds.), *Political Education in the Anthropocene – Humanities and Social Sciences* (pp. 241-253). Springer. https://doi.org/10.1007/978-3-031-40021-6_20

Díaz González, M. J., Mendoza Carretero, M. R. y Murga-Menoyo, M. A. (2022). *Guía para el anclaje curricular de la Educación para el Desarrollo Sostenible.* Subdirección General de Cooperación Territorial e Innovación Educativa, Ministerio de Educación y Formación Profesional. https://www.miteco.gob.es/es/ceneam/recursos/materiales/guia-anclaje-curricular-eas.html

Montanero Fernández, M. (2019). Métodos pedagógicos emergentes para un nuevo siglo. ¿Qué hay realmente de innovación? *Teoría de la Educación. Revista Interuniversitaria, 31*(1), 5-34. https://doi.org/10.14201/teri.19758

Neubauer, A. y Fernández-Aragón, C. (2025). La competencia global en el currículo de la educación obligatoria española: un análisis documental de la LOMLOE. *Educación XX1, 28*(2), 355-376. https://doi.org/10.5944/educxx1.42798

OCDE (2018). *Big picture thinking: How to educate the whole world for global competence?* OCDE.

ONU (s.f.). *Educación y desarrollo sostenible.* ONU. https://www.un.org/sustainabledevelopment/es/education/

UNESCO (2015). *Global citizenship education: Topics and learning objectives.* UNESCO.

UNESCO (2018). *Educación para la Ciudadanía Mundial en América Latina y el Caribe: Hacia un mundo sin muros: educación para la ciudadanía mundial en el ODS4 - Agenda 2030.* Oficina Regional de Educación para América Latina y el Caribe. OREALC/ UNESCO.

Uruñuela, P. M. (2018). *La metodología del Aprendizaje-Servicio. Aprender mejorando el mundo.* Narcea.

Vergara, J. J. (2020). *Un aula, un proyecto. El ABP y la nueva educación a partir de 2020.* Narcea.

CAPÍTULO 4. Danza para comprender: fomentando la competencia global a través del juego y la tradición

Boqué Torremorrel, M. C. (Coord.). (2018). *Hablemos de todo en paz. En casa, en la escuela, en el mundo. Estrategias de comunicación interpersonal para educadores.* Narcea.

Cascales Martínez, A. y Carrillo García, M. E. (2018). Aprendizaje basado en proyectos en educación infantil: cambio pedagógico y social. *Revista Iberoamericana de Educación, 76,* 79-98. https://rieoei.org/RIE/article/download/2861/3831/862

Grau, A. y Wierre-Gore, G. (2005). *Anthropologie de la danse: Genèse et construction d'une discipline.* Centre National de la Danse.

Kaeppler, A. L. (2000). Dance ethnology and the anthropology of dance. *Dance Research Journal, 32*(1), 116-125. https://doi.org/10.2307/1478285

Martínez Enríquez, P. (2023). Aprendizaje basado en proyectos en educación infantil: Una metodología emergente. *Riaices, 5*(1), 63-69. https://doi.org/10.17811/ria.5.1.2023.63-69

PISA (2018). *Global Competence Framework.* https://www.oecd.org/education/Global-competency-for-an-inclusive-world.pdf

Sachs, C. (2020). *Historia universal de la danza.* Alamut.

Sánchez Garrido, A. M. (2021). *El Aprendizaje Basado en Proyectos (ABP) como metodología en Educación Infantil.* RIUCV. https://riucv.ucv.es/handle/ 20.500.12466/2091

Sarceda, J. G., Seijás, S. A., Fernández, A. y Fouce, A. (2016). ABP y tecnología en educación infantil. Pixel-Bit. *Revista de Medios y Educación, 49,* 179-193. https://recyt.fecyt.es/index.php/pixel/article/view/61753

Villanueva Morales, C., Ortega Sánchez, G. y Díaz Sepúlveda, L. (2022). Aprendizaje Basado en Proyectos: metodología para fortalecer tres habilidades transversales [Project Based Learning: a methodology to enhance transversals skills]. *Revista de estudios y experiencias en educación, 21*(45), 433-445. https://doi.org/10.21703/0718-5162.v21.n45.2022.022

CAPÍTULO 5. De lo local a lo global: formación en ciudadanía a través del cuidado animal

Blanco Fontao, C. y Lozano, A. (2024). Eficacia del aprendizaje servicio en maestros en formación para el desarrollo de su futuro desempeño docente. *Revista de Investigación en Educación, 22*(2), 212-223. https://doi.org/10.35869/reined.v22i2.5379

Chica Merino, E. y Peña García, P. (2024). Evaluación del desarrollo de la competencia de ciudadanía en el alumnado universitario a través del aprendizaje-servicio como metodología innovadora. *European Public & Social Innovation Review, 9*, 1-20. https://doi.org/10.31637/epsir-2024-548

Galindo-Domínguez, H., Galarraga Arrizabalaga, H., Sainz de la Maza, M. y Losada Iglesias, D. (2024). Principales conflictos en los trabajos grupales y modos de resolución: el Aprendizaje Cooperativo como reto en la formación de futuros docentes. *Revista Complutense de Educación, 35*(1), 57-57. https://dx.doi.org/10.5209/rced.82542

Hornejas, J. S. y Guntalidad, J. A. A. (2024). Project-based learning approach on content mastery and cognitive skills: a pedagogical model for senior high school biology students. *Sapienza: International Journal of Interdisciplinary Studies, 5*(2), e24034. https://doi.org/10.51798/sijis.v5i2.763

Mcintosh Molina, J. (2024). Método de casos para el desarrollo del pensamiento crítico. *Technology Inside, 10*, 20-26. https://cpic-sistemas.or.cr/revista/index.php/technology- inside/article/view/100

CAPÍTULO 6. El paisaje lingüístico-visual como herramienta para el desarrollo de la competencia global en adolescentes

Blog de Agenda 21 en Escolapios Granada. (s.f.). *Apaga la luz. Escolapios Granada*. https://blogs.granada.escolapiosemaus.org/agenda21/2013/04/12/apaga-la-luz/

Lejárraga, A. M., Lucas, E. M. y Nieto, J. (2023). Metodologías para la innovación educativa. Aspectos esenciales para la docencia del siglo XXI: Innovar e investigar. En N. Sánchez Sánchez (Coord.), *Metodologías para la innovación educativa* (1ª ed.). Centro de Estudios Financieros.

Marques, M., Angulo, M. y Cáceres, L. (2021). Aprendizaje-servicio y formación inicial docente. Factores que determinan el desarrollo de habilidades transversales. *Revista Iberoamericana de Aprendizaje Servicio, 11*, 1-22. https://doi.org/10.1344/RIDAS2021.11.1

Martín Rojo, L., Cárdenas Neira, S. y Molina Ávila, A. (2023). *Lenguas callejeras: paisajes colectivos de las lenguas que nos rodean. Guía para fomentar la conciencia sociolingüística crítica*. https://www.equiling.eu

PISA (2018). *Global Competence Framework*. https://www.oecd.org/education/Global-competency-for-an-inclusive-world.pdf

Pérez, M. (4 de octubre de 2024). Las señales de tráfico de Compostela que se viralizan ocho años después: "Si lo sé vivo en Santiago". *El Español*. https://www.elespanol.com/quincemil/santiago/20241004/senales-trafico-compostela-viralizan-anos-despues-silo-vivo-santiago/890411178_0.html

Pons Rodríguez, L. (2012). *El paisaje lingüístico de Sevilla: Lenguas y variedades en el escenario urbano hispalense*. Diputación Provincial de Sevilla.

Red Española de Aprendizaje-Servicio. (2021). *¿Cómo desarrollar un proyecto de aprendizaje-servicio?* https://www.aprendizajeservicio.net/wp-content/uploads/2021/04/APS-COMO-DESARROLLAR-UN-PROYECTO-APS.pdf

Subdirección Territorial de Cooperación Territorial e Innovación Educativa (2023). *Aprendizaje Servicio*. Ministerio de Educación, Formación Profesional y Deportes. https://www.educacionfpydeportes.gob.es/mc/sgctie/educacion-para-sostenibilidad/aprendizaje-servicio.html

Trilla, J. (2009). El aprendizaje servicio en la pedagogía contemporánea. En J. M. Puig Rovira (Coord.), *Aprendizaje-Servicio (ApS). Educación y compromiso cívico* (pp. 33-51). Graó.

UNESCO (s.f.). *Alfabetización mediática e informacional*. https://www.unesco.org/es/media-information-literacy

EPÍLOGO. Solo mi imaginación

Arendt, H. (1993). *La condición humana*. Paidós.

Arendt, H. (1998). *Los orígenes del totalitarismo*. Taurus.

Bárcena, F. y Mèlich, J.-C. (2014). *La educación como acontecimiento ético. Natalidad, narración y hospitalidad*. Miño y Dávila.

Freire, P. (2002). *Pedagogía de la esperanza: un reencuentro con la "Pedagogía del oprimido"*. Siglo XXI.

Garcés, M. (2018). *Nueva ilustración radical*. Anagrama.

Haraway, J. D. (2019). *Seguir con el problema. Generar parentesco en el Chthuluceno*. Consonni.

Larrosa, J. (2019). *Esperando no se sabe qué. Sobre el oficio del profesor*. Candaya.

Ramas San Miguel, C. (17 de febrero de 2025). Por qué la izquierda está perdiendo. *infoLibre*. https://www.infolibre.es/opinion/ideas-propias/izquierda-perdiendo_129_1945402.html

Rancière, J. (2010). *El maestro ignorante. Cinco lecciones sobre la emancipación intelectual*. Laertes.

Zweig, S. (2004). *El mundo de ayer. Memorias de un europeo*. Acantilado.

© narcea, s. a. de ediciones